UN ENFANT D'AUTREFOIS

Mgr Jean DE MAYOL DE LUPÉ

UN ENFANT D'AUTREFOIS

Reconquista Press

Initialement publié par la Librairie académique Perrin en 1943.

© 2020 Reconquista Press
www.reconquistapress.com

ISBN 978-1-912853-15-1

À MA MÈRE,
dont la tendresse vit en mon cœur.

À MON PÈRE,
qui toujours sera mon maître.

Morts, ils m'enseignent encore.

À MES SŒURS,
À MES NEVEUX,
À MES NIÈCES,
À MES DISCIPLES,

en mémoire des jours heureux que nous vécûmes.

À LA FOULE DES MORTS CHÉRIS
QUI PEUPLE LA SOLITUDE DE MON CŒUR.
À TOUS CEUX QUE J'AIME, QUI M'AIMENT,
DONT LES MAINS FEUILLETTERONT CES PAGES,
ET QUI REDIRONT PEUT-ÊTRE
— IL M'EST DOUX DE LE PENSER —
« J'ACCEPTE CE DON D'UNE MAIN QUI M'EST CHÈRE. »

(EURIPIDE, *Alceste*, V, 376.)

AU LECTEUR

Hier, 2 novembre 1938, j'ai terminé le récit de ces souvenirs enfantins. Jour prédestiné ; jour des morts ; pleurs pour les chers disparus ; espoir de la lumière qui ne doit point finir. Je ne veux pas croire à la mort ; je ne veux croire qu'à la vie. Voilà pourquoi j'ai pris plaisir, je le confesse, à me pencher sur ma puérilité, à revivre mes premières années, à contempler le jeune visage, à écouter les battements du jeune cœur qui furent miens.

Le glas sonnait au clocher voisin. Mort et vie ! C'est pour moi que j'écrivis ces pages. Si quelqu'un jamais les feuillette, peu me chaut qu'il les trouve naïves à l'excès. Je m'en voudrais qu'elles ne fussent pas telles : c'est à l'enfant qui demeure secrètement en moi-même que j'ai confié la plume. Il aurait commis trahison s'il les eût rendues autres qu'elles ne sont.

Ces récits me furent un repos au cours des travaux arides auxquels j'ai voué ma vie. Si passionnantes que soient la recherche scientifique et les spéculations érudites, celui qui en mène le jeu austère connaît le besoin d'une détente, d'un délassement, d'un abandon, d'un rêve. Je rédigeai ces souvenirs au cours des années dernières, pendant les haltes accordées ou imposées dans mon labeur. Doux me furent ces reposoirs. Ils me donnèrent de grandes leçons : Qui a vécu toute une existence se prend à regretter qu'elle ne se soit point close au seuil de l'adolescence, devant que la fleur ne soit épanouie. La promesse de ce qui doit être vaut souvent mieux que la réalité.

Il serait mal, je pense, de s'arrêter à semblables pensées : ce serait nier la splendeur de la vie, la beauté de l'effort, la noblesse de la lutte, mais il est bon que ces pensées nous touchent : nous en perdons de la vanité et de l'orgueil. Nous comprenons que les plus hautes actions de l'homme ne sauraient être sans mélange, que sa sincérité n'est jamais complète, que son or le plus pur n'est jamais sans alliage. L'enfant vaut mieux que l'adulte, parce que sa bonne foi est totale et que, dans son petit être, il y a toute la grandeur de la vérité, fille de l'innocence.

Ne cherchez rien de rare en ce livre. Ce n'est point une apologie des temps révolus. Les enfants d'alors ne valaient pas mieux que ceux d'aujourd'hui, et les hommes n'étaient ni meilleurs, ni pires. Cependant cette époque avait sur la nôtre un souverain avantage : des principes, une foi régnaient dans les esprits et dans les âmes. Avec le lait, nous recevions des idées nettes et claires sur lesquelles il n'était point permis de transiger. Il y avait pour nous un bien et un mal. Nous savions qu'il était lâche de demeurer indifférent. Ce n'était pas la haine, c'était l'amour qui nous était enseigné. Nous étions les enfants d'une cause, et nous apprenions qu'il était enviable de mourir pour elle. Cet idéal ennoblissait ce passé. Comme le petit ignore la prudence des demi-mesures, nous poussions la rigueur de nos prédilections à l'extrême : il n'y avait point de communication pour nous entre Dieu et Bélial. Ce qui ne se pouvait classer bon, d'emblée se rangeait dans le mauvais.

C'est cet état d'esprit que j'ai souvent cherché à reproduire par les anecdotes où je me suis complu. D'après ceci, qui me lira — s'il en est — voudra donc, par exemple, comprendre ce que je conte du gallicanisme et des étroitesses attribuées par la légende à certains vénérables ecclésiastiques dont les successeurs demeurent, comme l'étaient leurs devanciers, la parure du clergé français. C'est sous cet aspect qu'il faut entendre aussi ce que j'écris sur la maison d'Orléans. Les liens très chers qui nous lient à plusieurs de ses princes expliquent assez l'inspiration qui me guide. Au temps dont je parle, le drapeau tricolore était pour beaucoup une loque d'infamie ; la Marseillaise un chant de cannibales. Quatre-vingt-treize était d'hier. J'ai voulu montrer l'état d'âme qui régnait alors dans tout un clan : celui des royalistes. Drapeau blanc, vrais héritiers des chouans. De ceux-là Louis Barthou me disait un jour : « Nous les trouvions vieux jeu ;

AU LECTEUR

nous les estimions des attardés, des rêve-chimères. Mais devant eux nous étions chapeau bas, au garde-à-vous. À nos yeux ils incarnaient la chevalerie de France. Il en est aujourd'hui qui croient tenir leur place. Pour ceux-là, si nous sommes debout, nous nous asseyons. Et nous restons chapeau sur tête. Ils sont aussi canailles... que d'autres. » (Je crois devoir modifier le dernier mot.)

Ce serait donc se tromper sur ce livre que d'y voir une profession de foi, des jugements, même des opinions. C'est ici le cœur d'un enfant qui s'ouvre et laisse lire en lui. Ce qu'il pensait, ce qui lui fut inculqué, le don qu'il reçut des siens, parents, frères, premiers maîtres, serviteurs, il le manifeste sans forfanterie, ni parti pris. Mais n'oubliez pas l'utilité du granum salis.

Il est vrai que l'auteur a pour plus cher désir d'avoir gardé le cœur du petit qu'il eut le bonheur d'être, voici plus d'un demi-siècle, et d'avoir couvé le trésor qu'il reçut dans son esprit à peine formé et dans son âme primitive, sauvageonne.

« Il y avait une fois... »
Si cet « une fois » pouvait durer toujours !

Incipe, parve puer, risu cognoscere matrem.

Que le sourire de ma mère, dont j'appris la beauté du monde, m'enseigne jusqu'à la mort à sentir que mille laideurs physiques ou morales ne sont rien devant le rayon, même voilé, d'une beauté naturelle ou spirituelle.

Je souhaite même grâce à tous ceux qui, dans un instant de désœuvrement, s'attarderaient à ces pages.

Les contes de l'enfance charment comme l'enfant lui-même. Puissent ceux-ci avoir retenu l'attrait qu'ont les babils des tout-petits : le plus mélodieux des poèmes ! Aussi conclurai-je volontiers par les vers harmonieux que modula sur son pipeau le chantre des pâtres siciliens. Je serais deux fois comblé si l'un d'entre vous, lecteurs amis, les voulait répéter pour celui qui s'est réjoui à tracer ces lignes d'une plume vagabonde, sans fastidieux souci de chronologie, ni peut-être des convenances : au frémissement de l'arbre joyeux que fut sa jeune vie, penché sur la source chantante de son enfance.

Amélie-les-Bains, 3 novembre 1938.

I

LA RUE OÙ JE SUIS NÉ

La rue où je suis né. — L'hôtel de mes parents et ses voisins. — L'abbé de Talleyrand et ses divertissements. — Ma naissance et celle de mon frère et de mes sœurs. — Mon baptême, mon parrain et ma marraine. — Un directeur en pantalon, ses appartements et ses servantes.

Dans la région la plus provinciale de Paris, le dévot quartier Saint-Sulpice, une vieille et brève venelle, la rue Férou. Elle était du double plus longue autrefois, quand la place devant l'église n'existait pas. Alors l'édifice construit par Servandoni s'ouvrait sur son étroit couloir. D'une part, elle débouche maintenant sur le quadrilatère dont la fontaine occupe le centre, où sont noblement juchés Bossuet, Fénelon, Massillon, Esprit Fléchier. Les quatre grands sermonneurs adressent, au-dessus des eaux jaillissantes, une muette prédication aux piétons, automobiles, autobus d'aujourd'hui, modernes remplaçants des carrosses, équipages, tramways, fiacres, omnibus que connut ma jeunesse. Les arbres du jardin que planta la deuxième reine Médicis la bornent à l'autre extrémité. Elle est charmante, cette voie calme dont un antique parlementaire fut le parrain. Les voitures y sont rares, et les pas qui en foulent les pavés s'y font instinctivement feutrés. Vous croiriez être dans une allée de béguinage.

À droite, une porte du séminaire (aujourd'hui succursale des Finances), toujours condamnée, est surmontée par de hautes branches. Quand j'avais la joie d'être petit, un mendiant à la jambe de bois et à la figure sympathique, qu'éclairaient des yeux au perpétuel sourire, la meublait à longueur de journées, le père

Raton. Une auberge vétuste, l'hôtel Fénelon, recevait comme hôtes des évêques, des abbés cisterciens, des gentilshommes campagnards et des dames aristocratiques et pieuses à qui nul ne pouvait assigner d'âge. Les frondaisons du Luxembourg se balançaient, amples bouquets, entre l'hôtel Sévigné (le marquis de Sévigné et sa femme, beau-frère et belle-sœur de la marquise épistolière y logèrent) et celui, plus modeste, où vécut l'adorable La Fayette quand elle composait sa *Princesse de Clèves*, au jaillissement d'une fontaine toujours murmurante. Défiguré par une fâcheuse surélévation d'étages, l'hôtel Sévigné est devenu le sombre presbytère que gouvernait, aux jours heureux de mon premier âge, le vénérable, solennel et réfrigérant M. Hamon, curé de Saint-Sulpice. Deux autres hôtels particuliers précèdent le presbytère. Ils occupent, comme à ma naissance, le 6 et le 8 de la rue Férou.

Le 6 abritait le marquis de l'Escalopier et sa famille. Sa porte, fermée d'une grille, est flanquée de deux sphinx féminins juchés sur des colonnes. Ces quasi-déesses me pénétraient d'admiration, et je n'étais pas éloigné de les croire vivantes. Leur immobilité n'était due, pensais-je, qu'à la puissance de leur volonté. Je redoutais beaucoup qu'elles ne se jetassent sur moi et me labourassent de leurs griffes, si je n'étais sage ; leurs yeux sans regard me paraissaient doués d'une singulière et pénétrante acuité. Les aimables rinceaux et les bas-reliefs en ronde-bosse, où jouent des amours joufflus qui décorent les fenêtres, m'ont donné mes premières leçons d'art, et je leur en conserve une gratitude qui m'émeut chaque fois que je les contemple. Plus tard j'appris qu'un séminariste élégant et boiteux, l'abbé de Talleyrand, avait hébergé dans cette noble demeure certaine jeune actrice coquette à souhait. Il l'avait rencontrée comme il rentrait de Sorbonne au séminaire. Il pleuvait. Elle n'avait point de parapluie. L'abbé de Talleyrand en tenait un : ce pavillon portatif était alors la pimpante nouveauté du jour. L'abbé en abrita la peu farouche artiste. Il lui conta si bien fleurette, sous l'eau et le mince dôme de soie, qu'il la mit dans ses meubles. Le jour, elle lui offrit un abri profane, moins austère que la cellule froide et cléricale du séminaire où, pour la honte de nos Églises françaises, il était entré.

Le 8 est une résidence plus modeste que son voisin le 6 ; moins grandiose que l'hôtel Sévigné, mais d'heureuses proportions et agréable à l'œil. Il appartenait, dès lors, au libraire Belin, qui en louait les appartements et y tenait sa cavalerie. Les écuries étaient à droite. L'hôtel occupait le fond de la cour et étendait une aile à gauche. Du même côté, les concierges résidaient dans une petite loge qui reste telle que je l'ai connue quand mes yeux apprirent à voir.

Aujourd'hui, la librairie a envahi tout le rez-de-chaussée et le jardin. Une inscription commerciale déshonore la porte qui surmonte le médiocre perron. Une horrible vérandah défigure, au premier, deux hautes fenêtres de la façade. Toutes ces atteintes me blessent au vif chaque fois que je contemple la vieille maison, et souvent mes pas me portent en ces parages.

C'est un 21 janvier, comme durait encore le souvenir proche de *l'année terrible* (ainsi qu'on disait en ces temps bénis où l'on ignorait la mitrailleuse, les gaz et les bombardements par avion), que je naquis à 1 heure de relevée. Mon père, m'a-t-on conté, rentrait de la messe célébrée pour Louis XVI à la chapelle expiatoire, quand fort sagement je vins au monde. On me racontait, un peu plus tard, que j'avais été trouvé dans une malle, tandis qu'une de mes sœurs, nommée Thérèse, avait été découverte dans une cerise sans noyau, et que mon frère aîné (à tout seigneur tout honneur) avait surgi d'un beau chou pommé. Pour mes autres sœurs (j'arrivais bon septième de la famille, qui compta avec moi deux garçons et cinq filles), j'ai toujours ignoré comment s'effectua leur entrée dans le monde.

Le lendemain, 22 janvier, je fus baptisé à Saint-Sulpice. Mon parrain fut le prieur des Tertiaires Dominicains. Ma grand' mère, morte peu avant ma naissance, était une fervente tertiaire, et nos grands amis les Keller, déjà comtes romains — titre qu'ils ne portèrent jamais parce qu'ils l'avaient vaillamment gagné par de belles luttes au Parlement, sous l'Empire, et par une fortune largement distribuée aux pauvres et aux œuvres, mais que leurs descendants se sont, à bon droit, gardés de négliger —, étaient, eux aussi, fidèles disciples des Frères prêcheurs.

Ce parrain était un être extraordinaire, un directeur spirituel en culotte, comme l'appelait la marquise de Saint-Seine, née Jeanne de Sainte-Croix. Il avait été caissier chez le libraire Poussielgue, rue Cassette. Je crois qu'il s'était aussi montré plutôt libertin dans sa jeunesse. Mais la conversion avait été rapide et complète. Du coup, il s'était haussé à la plus haute dévotion. Il était le confident de Lacordaire, auquel il administrait la discipline lorsque le grand dominicain avait trop éloquemment prêché dans la chaire de Notre-Dame et qu'il redoutait un assaut de Satan, démon de l'orgueil.

J'ai entendu dire, avec admiration, qu'Auguste Fiot, sous Napoléon III, voyait affluer à sa caisse, chez Poussielgue, les belles dames de la cour impériale, qui lui apportaient leurs secrets de conscience et lui demandaient des conseils. Il me semble que depuis ma naissance jusqu'à sa mort, survenue vers 1898, il n'a jamais changé. Je l'ai toujours connu petit, bedonnant, à la longue barbe blanche de patriarche, à l'œil à la fois vif et paterne, un œil gris de gros matou, au geste onctueux ; il avait de longs bras qui me semblaient atteindre au bas de ses cuisses courtes et grasses. Il parlait par apophtegmes, par comparaisons à la saint François de Sales, par paraboles à la manière de l'Évangile. Au fond, je trouvais mon parrain peu reluisant, et je me désolais que la vénération de ma famille pour ce saint homme m'eût valu d'être son filleul. Pour me consoler, on me disait que Fiot n'était que le remplaçant de mon frère. Celui-ci était mon parrain véritable. Fiot lui aurait été substitué pour la cérémonie parce que mon frère était trop jeune pour tenir ce rôle. Mon frère et moi nous étions satisfaits de cette explication.

Ma sœur Henriette, l'aînée de toute notre bande, fut, elle, ma véritable marraine. Jusqu'à sa mort, survenue à Amiens en 1925, un jour d'Annonciation, elle tint beaucoup à ce titre qui me la rendait doublement chère.

Sur Fiot, personnage excellent, mais de comédie, j'aurais tout un volume à écrire. About ne l'a-t-il pas méchamment dépeint sous le nom de Fafiot ? J'ai dit que jamais je ne l'avais vu changer physiquement. J'imaginais qu'il était né tel qu'il m'apparaissait. Je supposais sa barbe fleurie congénitale. Je lui ai connu trois appartements successifs. Il habita d'abord rue de Fleurus, puis rue Duguay-Trouin, enfin rue du Cherche-Midi. Mais ses logements divers se succédaient dans le temps et l'espace sans parvenir à se différencier. C'était à croire que, tels les escargots, il emportait sur son dos son habitacle, et que seul l'emplacement de la coquille changeait. Les pièces gardaient la même disposition, et les meubles désuets avaient toujours les mêmes teintes ternes et des places absolument semblables. Je vois d'extraordinaires tapis brodés pendus aux murs, avec de gros chapelets qui encadraient d'affreux tableaux pieux, ou de dévotieuses gravures plus vilaines les unes que les autres.

De singulières domestiques dirigeaient cet intérieur ecclésiastico-laïque. Une duègne Carabosse, un jour, fut appelée à remplacer une majordome malade, décédée ou défaillante. Le jour de son entrée en fonction, elle demanda à son nouveau maître : « Monsieur dit-il sa messe à Saint-Sulpice ou à Notre-Dame-des-Champs ? » Stupéfaction de Fiot : « Comment, ma messe ? » « Mais oui, Monsieur, déclara la fée. Monsieur va dire chaque matin sa messe, puisqu'il est vicaire général. » Il est vrai qu'on aidait cette fille à concevoir telles imaginations. Sans compter l'air dévot et confit du brave vieux Fiot, ceux et celles qu'il dirigeait lui donnaient l'apparence d'un confesseur en chambre, et quelques-uns de leurs fils en plaisantaient, mais leurs plaisanteries n'étaient point du goût du héros. Ainsi, Jean Keller lui écrivit une fois à cette adresse : À Sa Grandeur Monseigneur Auguste Fiot, archevêque de Pieusardopolis.

Nous l'aimions bien, notre Fiot. Plus tard ma petite sœur Marie, qui avait alors quatre ans, disait à notre fidèle servante Zélie, la grande confidente de nos secrets : « Conseille moi, Zélie ; Monsieur le Vicomte veut que je me décide : Beaurepaire ou Fiot. J'en dois prendre un comme mari. Fiot me plaît mieux. Mais comment faire ? Il n'est pas noble ! »

II

PREMIÈRES IMAGES

Notre maison. — La chambre maternelle. — Les Napolitains et le soleil. — Le tableau de la Madone. — Lit et peau d'ours. — Comment je tirai l'*asperge*. — La prière du soir ; problèmes et interpellations qu'elle suscite : fruits, gros poissons, question juive.

J'avais moins de six ans quand nous quittâmes la rue Férou pour la rue Saint-Guillaume. Et cependant je me rappelle tout ce qui composait ma première demeure. J'ai toujours rêvé de la revoir, d'y revivre au moins quelques instants.

Tout, sans doute, m'y paraîtrait bien petit, alors que tout m'y semblait immense. J'ai réussi dernièrement à gravir à nouveau l'escalier de l'hôtel. Je le croyais large, vaste, somptueux. Il s'est montré à moi plutôt étroit et quelconque. J'en reste tout désappointé.

La porte d'entrée s'ouvrait, au premier, sur une antichambre que coupait en deux parties une double porte. Il y avait là un divan oriental aux grands coussins rayés. C'était le lit de mon frère. En face, un meuble de toilette en noyer, qui s'ouvrait pour montrer des cuvettes, et tout un peuple d'accessoires, splendides à mon goût, servait aux ablutions du matin et du soir.

Un grand miroir au vieux cadre sculpté, où des colombes se becquetaient, ornait ce vestibule. Que de temps j'ai passé à contempler leurs jeux, à espérer que, par un beau coup d'ailes, elles allaient se dégager de la corniche ! Je les appelais ; je leur montrais les miettes de mes gâteaux. Trop absorbées par leurs jeux, elles négligeaient mes invites.

Une seconde grande porte donnait accès à la chambre de ma mère. Cette chambre, comme elle me demeure vivante ! Deux hautes fenêtres étroites, aux vieux carreaux teintés de reflets verts et bleus, bombés un peu comme culs de bouteille, ouvraient sur la cour. Des volets les fermaient de l'intérieur. À l'extérieur, des jalousies protégeaient de l'éclat du soleil ; souvent elles étaient baissées. Ma mère, en vraie Napolitaine, avait peur du soleil dès le mois de mai. Naples en aime la splendeur dans l'azur de son ciel, mais ne lui permet qu'en hiver de pénétrer librement dans ses demeures. C'est un grand ami à qui, l'été, on ne donne audience qu'aux frais premiers matins et aux heures attiédies des fins d'après-midis. À Nuits, quand ma mère y vint jeune mariée, ma grand'mère avait ordonné d'ouvrir deux larges baies au midi dans la chambre préparée pour sa bru : il fallait, songeait ma grand'mère, une fête de clarté pour cette fille du soleil. Une jeune Napolitaine avait besoin d'un perpétuel bain dans la lumière : « Oh ! fermez ces persiennes, grâce pour ce soleil ! » fut le premier cri de ma mère quand elle pénétra dans son appartement. Étonnez-vous qu'il soit difficile aux peuples les mieux intentionnés de se comprendre !

Je ferme les yeux ; je revois tous les meubles de ma chambre natale. Dans l'embrasure de la fenêtre, sur la droite, était un grand coffre couvert en étoffe bleue, clouté de gros clous dorés. Il renfermait les bûches destinées à la cheminée. Entre les deux fenêtres, une vaste commode ; au-dessus, un tableau de la Madone ; la Vierge était vêtue d'un voile bleu qui l'enveloppait tout entière. Elle tenait un Enfant Jésus aux cheveux dorés. Sous ce cadre était une applique Louis-Philippe en bronze, fleurs et bougeoirs, qui me semblait un admirable bouquet d'orfèvrerie. À droite, près de la porte, une autre commode flanquée de deux fauteuils. En face, la cheminée surmontée d'une glace coupée dans sa hauteur. Au fond, contre le mur opposé aux fenêtres, le grand lit de ma mère, aux boiseries blanches, surmonté d'un baldaquin dont la solennité me médusait. Devant le lit, une peau d'ours blanc me pénétrait d'étonnement. Je me vois jouant sur cette peau, avec ses longs poils. J'en prenais une poignée ; je l'étirais, j'en faisais un toupet, bien haut, et je croyais avoir fabriqué une glace savoureuse comme j'en voyais aux devantures des pâtisseries. Telle est l'imagination des enfants !

Le lit était encadré de deux portes à un battant. L'une donnait sur un petit salon, le boudoir de ma mère ; l'autre sur le bureau de mon père où un divan lui servait de lit. Quand j'étais souffrant, un berceau était disposé devant cette porte. Le matin, mon père, avant que de partir, ouvrait la communication, poussait doucement ma couche pour se frayer passage, et venait dire un au revoir à ma mère. J'avais saisi le manège. Une belle fois, éveillé de bonne heure, je me soulevai jusqu'à la hauteur de la targette, je l'assujettis, et j'attendis, tout heureux de mon bon tour. Voici le moment ; mon père veut ouvrir ; la porte résiste aux pesées : « Papa, j'ai mis l'*asperge* », m'écriai-je dans un fou rire. « Petite canaille, veux-tu vite m'ouvrir ! » Je tire la targette, mon père pénètre, me prend dans ses bras, me mange de baisers. « Ah ! papa, c'est moi qui donne cette fois la permission. » Et mon père de me tirer l'oreille : « Petite canaille ! petite canaille » ; il me porte dans le lit de ma maman. J'étais bien fier de mon invention ; que j'étais heureux ! les baisers de mon papa et ceux, plus doux encore, de ma jolie maman !

Dans cette chambre reposent tous mes premiers souvenirs. Il me semble qu'ils y doivent flotter encore. Je n'ai besoin d'aucun filet pour les saisir au vol. Ils voltigent au-dessus de cette rivière si douce que m'apparaît ma première vie.

C'est là, dans cette chambre, devant le Christ et le tableau de la Madone, qu'en fin de journée mon père disait pour toute la maisonnée, enfants, gouvernantes, serviteurs, la prière du soir. Une veilleuse brûlait devant les saintes images, abritée d'un mince dôme en bronze. Le soir, les branches de la petite coupole se reflétaient sur le plafond en étranges dessins. J'entends la voix grave de mon père qui scande en un rythme prenant les vieilles formules de la liturgie familiale : « *Que vous rendrais-je, ô mon Dieu, pour tous les bienfaits que j'ai reçus de Vous ? — Mettons-nous en la présence de Dieu et adorons-le. — Examinons-nous sur les péchés commis pendant la journée.* » Cette dernière injonction m'emplissait d'un vague effroi. Un soir j'éclatai en sanglots : « J'ai été méchant avec Yéyette. Est-ce que le bon Dieu me pardonnera ? Et puis j'ai battu Matide. » Mathilde était ma bonne, mais je n'arrivais pas à prononcer ce *thilde*. Et Maimaine qui me disait tout bas : « Dis ça au bon Dieu, mais ne le crie pas si fort. »

Quand mes parents n'étaient pas là, c'était Mlle Copinet, l'institutrice, qui récitait la prière dans la grande chambre des enfants. Nos oraisons en perdaient à mon sens beaucoup de leur solennité. Ce qui me ravissait, c'étaient les invocations des litanies : « *Tour d'ivoire, Maison d'or, Arche d'alliance, Rose mystique, Étoile du matin, Porte du ciel, Reine des anges.* » Parfois, la prière se récitait dans la chapelle des Keller. M. Keller, le député, officiait. Je trouvais qu'il parlait du nez. Un des fils l'interrompit un jour par une interrogation qui me sembla très pertinente : *Et Jésus le fruit de vos entrailles est béni.* « Maman, demanda mon jeune camarade, ce fruit-là, est-ce que c'est des cerises ? » J'étais fort choqué qu'au *Credo* Maimaine voulût me persuader de prononcer : *qui a souffert sous Ponce Pilate*, ce Pilate me semblait du dernier ridicule. Je n'en démordais pas et m'entêtais à nommer *Ponce Pilatre* le procurateur de Judée. Les enfants accommodent les noms à leur fantaisie pour des raisons d'euphonie qui échappent aux *grands*. Un autre de mes camarades, il avait bien trois ans, s'étonnait que sa mère répétât chaque jour à la prière : *Recommandons à Dieu votre père qui est sur l'eau.* Le père, c'était un amiral qui, depuis deux ans, naviguait sur les mers de Chine, et dont le petit n'avait, il se conçoit, nulle souvenance. Ce papa qui ne quittait pas l'eau le stupéfiait. Un soir il n'y tint plus, et quand revint l'exhortation quotidienne pour le chef de famille : « Maman, questionna-t-il, papa, est-ce que c'est un gros poisson ? »

L'antienne à la Vierge m'était une féerie : « *Salut, ô Reine, Mère de miséricorde, notre vie, notre douceur, notre espérance, salut… Tournez vers nous vos yeux de miséricorde… Adieu, ô toute belle ; implorez pour nous votre Fils.* »

Chacune de ces tendres paroles éveillait en moi un monde d'images azurées, un ciel rempli d'étoiles brillantes.

PREMIÈRES IMAGES

Plus tard, quand j'eus une sœur cadette, ma Marion aimée, je me ravissais à l'entendre réciter avec une componction dont seule est capable la blanche innocence d'un enfant : *Pardonnez-moi, ô mon Dieu, mes fautes, mes péchés, mes crimes et mes iniquités.* Par contre, elle avait trouvé une variante savoureuse au *Confiteor* : *C'est ma faute, c'est ma faute, c'est ma très grande faute, c'est pourquoi je suis content.* Et elle terminait sur cet adjectif masculin, se refusant à nous suivre davantage dans la confession.

La prière se concluait par le *De profundis* psalmodié en français. Mon père donnait à chacun des versets qu'il ponctuait et auxquels nous répondions en chœur une expressive intonation : *Et lui-même il rachètera Israël de toutes ses iniquités.* Cette affirmation m'était mystérieuse. « Papa, dis-je un soir après la prière, si Israël est si riche, pourquoi qu'*il* le rachètera ? Il faudra encore donner de l'argent ? » La question juive se posait déjà dans l'esprit d'un bébé haut comme une petite botte.

III

PREMIERS SOUVENIRS

Les travaux de ma mère. — Comment elle chantait. — Un orgue de barbarie. — *Mignon* et romance. — Le rais de soleil. — La tartine de beurre. — Premier mensonge. — Ma bonne Mathilde. — Comment un petit berça sa maman. — Cache-cache dans le lit maternel. — Nos chambres d'enfants. — Les oraisons de Mademoiselle. — Oranges glacées. — Nos cabinets de toilette. — Les cloches de Pâques. — Comment elles se confessent au Pape. — Les bulles de savon. — La duchesse de Doudeauville, son carrosse et la fée des Pois.

Ma mère s'asseyait souvent dans un fauteuil, près de la fenêtre, devant le grand coffre bleu. Elle brodait ou cousait. Je prenais place sur le tabouret disposé pour ses pieds. J'étais bien là, tout proche de ma mère. J'étais heureux. Je la voyais mêler les soies, passer le fil, tirer l'aiguille : jeux prestigieux. Ma mère brodait sur une étoffe tendue entre les bois d'un grand métier. Sous ses doigts agiles naissaient des roses, des œillets, des oiseaux, des cigognes, de souples guirlandes, de frais bouquets. N'était-ce point miraculeux ? Ma mère me semblait une fée. Je ne me lassais point de contempler l'ovale de son visage ; sa peau si fine et si blanche, à travers laquelle on apercevait le réseau des veines bleutées ; ses opulents cheveux noirs ; ses mains faites au tour, comme dit le Cantique. Tandis qu'elle brodait ou cousait, ma mère aimait à chanter. Son timbre sonore vibre encore à mes oreilles :

> Connais-tu le pays où fleurit l'oranger,
> Le pays des fruits d'or et des roses vermeilles ?

Mignon a pu vieillir, Ambroise Thomas se démoder, devenir même un peu ridicule. J'aimerai toujours *Mignon*, je vénérerai toujours Ambroise Thomas comme un grand musicien, et le génial Goethe m'enthousiasmera toujours ; car c'est *Mignon*, Ambroise Thomas et Goethe qui m'ont donné de pénétrer, petit enfant, dans l'âme maternelle, de comprendre la claire patrie d'où elle venait, dont elle m'a légué l'amour, le sens de la vie, toute la lumière. Mon enfance fut bercée d'une idylle napolitaine transformée par Goethe en radieux poème que mit en musique un musicien français naïf et charmant : toutes mes amours, tout mon idéal.

En cette année 1938 vient chaque semaine dans mon avenue un orgue de Barbarie, survivant d'une espèce préhistorique. Il tourne quelques rares airs. Quand résonne la romance de *Mignon* :

> Connais-tu le pays où fleurit l'oranger ?

j'ouvre ma fenêtre, j'appelle le vieux bonhomme, je lui donne une aumône, et je le prie de bisser l'air de mon enfance. Ces notes qui tremblent, dont le cliquetis cristallin est un peu fêlé, sont pour moi une mélodie délicieuse, une ivresse. L'air et la poésie me ravissent.

> Connais-tu le pays où fleurit l'oranger ?
> Connais-tu la maison où l'on m'attend là-bas ?
> La salle aux lambris d'or où des hommes de marbre
> M'appellent auprès d'eux en me tendant les bras ?

Ambroise Thomas a révélé un royaume d'idéal à mon âme d'enfant. Et je bénis Goethe, ce grand Germain, qui m'a découvert le mystère du ciel napolitain grâce à une musique française, où passe, dans la douceur discrète de notre pays, la brise ensoleillée de Posillipo, de Mergellina et de Santa-Lucia.

Il était une autre romance qui m'enchantait aussi :

PREMIERS SOUVENIRS

Io risposi : Va, non ti credo.
Ch'era delirio.
Tu non hai cuore,
Ma tu non hai cuo...o...o...ore.

J'ai recherché bien souvent cette cantilène napolitaine. À Naples, je l'ai demandée aux chanteurs de la rue, aux compositeurs, aux éditeurs. Quelques-uns m'ont déclaré : « *E molto antica, signore. Dificilmente si troverà. Abbiamo ben ricordo.* » Les autres confessaient leur ignorance complète. Nul chanteur, nul mandoliniste, nul guitariste n'a jamais pu me donner de réentendre cet air désiré. Heureusement j'ai *Mignon* pour me consoler. Mon phonographe et mon orgue de barbarie m'en redisent les vocalises. J'ai les broderies maternelles tendues autour de mon lit. Et je rêve parfois que je retourne au paradis des jours heureux, quand j'étais un tout-petit assis aux pieds de sa mère.

J'ai passé des heures délicieuses sur mon bas tabouret, le derrière presque au ras de terre, à contempler les rais de soleil qui pénétraient de biais entre deux lames des jalousies. Dans la demi-obscurité de la pièce, cette traînée lumineuse, toute semblable à celle du Saint-Esprit sur les vitraux d'église, me fascinait.

Quelle gloire, ce rayon ! quel mystère ! Des milliers de corpuscules dansaient dans sa clarté, pareils à des mondes innombrables dans l'éther immense.

Puis tout à coup le rais disparaissait, pour reparaître ensuite et disparaître encore. Et sur le parquet ciré, ou sur le mur, là-bas, au bout de la chambre, une ou deux taches argentées se jouaient. Pourquoi venait-il, ce rais ? Pourquoi s'en allait-il ? Pourquoi ces taches blondes qui jouaient à cache-cache ? Ces problèmes insolubles excitaient mon enthousiasme. Les savants qui cherchent à résoudre les mystères de notre univers, qui s'exclament devant leur complexité, qui admirent les énigmes de la nature, sont-ils très supérieurs à l'enfant que j'étais, que je voudrais encore être ?

Un jour, cependant, l'extase où me plongeait la contemplation du rais fut impuissante à me défendre contre la gourmandise. Lutte éternelle des appétits, le matériel contre le spirituel : « Maman, j'ai faim. » Ma mère m'aimait tendrement, mais comme il convient dans une famille de sept enfants, notre éducation était sévère. « Va demander une tranche de pain. » La réponse me satisfit peu. Je sortis et je demandai à Francis, le valet maître d'hôtel, de m'aller quérir une tartine de beurre. Ravi, j'entrai en possession de cette beurrée qui m'était délectable. Tout comme les jeunes chiens, les enfants discernent fort bien le permis du défendu. Je crus donc plus expédient de consommer ma tartine dans l'antichambre. La voix de ma mère m'appelait. Fourberie diabolique ! Je tournai mon pain de manière à présenter à l'extérieur la partie non beurrée. Mais le beurre se détachait et tombait sur mes vêtements.

« Jean, qui t'a donné cette tartine de beurre ? » Pas de réponse. « — Jean, petit Jean, dis-moi qui t'a donné cette tartine ? — Francis, maman. — Pourquoi y a-t-il du beurre sur ce pain ? — Je sais pas, maman. — Tu n'en as pas demandé ? — Non, maman. »

Ma mère tire le gland de la sonnette (il n'y avait pas de sonnette électrique en ces temps lointains).

« — Francis, pourquoi avez-vous donné une tartine de beurre à monsieur Jean ? — Parce que monsieur Jean me l'a demandée, madame la Vicomtesse. — Il vous a dit : une tartine de beurre ? — Oui, madame la Vicomtesse. »

Ce jour-là, pour la première fois, j'ai appris qu'il y avait de grands vilains défauts : le mensonge, la gourmandise, l'orgueil, car je pleurai et ne voulus point demander pardon. Je n'ai pas eu la permission d'embrasser ma mère. Je suis parti avec Mathilde. Toute la journée s'est passée sans que je revisse ma mère. Oh ! quelle noire tristesse, et comme j'ai compris la laideur de ces défauts qui me privaient de ma mère. Le soleil n'avait plus de rais lumineux pour moi. Que m'importaient les jeux de la lumière. Tout m'était sombre, et les chansons de Mathilde ne me disaient plus rien.

Ma bonne Mathilde Renaud (il n'était point question de nurse ; choses et gens étaient à la française) était alors jeune et accorte. Elle a vieilli, mais demeure toujours alerte et affectueusement dévouée. Son tendre respect m'est cher. Elle ne prépare plus, hélas ! à l'intention de son petit Jean, pour les remettre à Francis, de savoureuses et séditieuses tartines. Mais j'aime à la voir active et si vivante, car je m'imagine que les jours de mon enfance ne sont peut-être pas encore tout à fait révolus. Mais une autre fois — oh ! qu'elle fut belle, mon aventure ! —, ma mère chérie avait câliné son petit. Quels jolis refrains elle m'avait chantés : Mon petit, mon trésor, Jeannot, mon cher amour,

> Fais dodo, Jeannot, dans mes bras,
> Je t'aime, Jeannot, je le dis tout bas !

J'avais accompli ma sieste sur les genoux de ma mère. Le beau réveil, dans un baiser !

« — Maman, je voudrais vous bercer à mon tour. — Mais les petits, Jeannot, ne bercent pas leur maman. — Maman, je voudrais vous tenir sur mes genoux. »

Et ma mère me prit, me posa sur un fauteuil, près de la commode voisine de la porte. Je crois voir encore les lieux et les objets. Puis, s'appuyant des deux mains sur les bras du fauteuil, ma mère, pour céder à la fantaisie de son petit, fit mine de s'asseoir sur mes genoux.

« Oh ! maman, vous êtes toute petite et moi je suis tout grand ! »

Le bonheur était dans mon cœur. Il me sembla que je rendais à ma maman tout l'amour qu'elle avait pour moi.

Le matin, Mathilde me portait dans le grand lit de ma mère. Le doux moment ! Ma mère me regardait, me baisait, me câlinait. Quelquefois elle disait : « Laissez-moi le petit, Mathilde. » Alors, elle me couchait près d'elle, et me contait mille tendres choses. Mathilde revenait et frappait à la porte : « Entrez », disait la jolie voix de ma mère. Et doucement : « Cache-toi, mon Jeannot. » Je mettais ma tête sous les couvertures. « — Je viens prendre monsieur Jean, madame la Vicomtesse. — Mais je ne sais pas où il est, Mathilde. » Je me pelotonnais, et je riais tout bas en me pressant contre ma mère. « — Monsieur Jean est donc parti ? madame la Vicomtesse. — Mais je ne sais pas, cherchez, Mathilde. — Où a-t-il pu aller ? Il a disparu. » Je riais davantage, encore qu'en secret. « Ah ! le voilà, madame la Vicomtesse », disait enfin Mathilde, qui me découvrait tapi sous draps et couvertures. Quelle joie, quels rires, quels baisers ! La scène se renouvelait toujours et toujours la surprise était la même ; la joie pareille ; pareil, le rire : rire, joie, surprise de la vie, goût du risque qui donne à l'existence sa saveur. Une bonne fait semblant de chercher le petit ; la mère feint d'ignorer où il se cache ; l'enfant se persuade qu'il a trouvé une retraite mystérieuse, que sa mère est complice de son secret, que sa bonne ignore tout. Au fond, il sait fort bien comment finira l'histoire. Mais il veut croire à l'aventure, et son plaisir est toujours le même. N'est-ce pas tout le drame de l'existence, ce qui en fait le charme, ce qui lui donne sa valeur, ce qui permet qu'on en aime le jeu, bien que nous sachions tous comment il se terminera, sans que jamais nous veuillions nous l'avouer ?

Si à la gauche de la porte palière, au lieu d'entrer dans l'antichambre, on prenait un corridor dans une sorte de vérandah, on arrivait aux deux grandes chambres des enfants. La première n'avait qu'une fenêtre et deux lits ; la seconde, vaste, à deux fenêtres, était un vrai dortoir. Nous couchions sept dans ces deux pièces. Mes sœurs avaient une institutrice, encore que cinq parmi elles allassent à un cours de religieuses chez les oblates de Saint-François, rue de Vaugirard. Je ne sais trop où dormaient institutrice et bonne. Je sais que les domestiques avaient leurs chambres dans les combles. Et ce que je sais bien, c'est que ma bonne était près de moi à mon coucher et qu'elle était penchée sur moi à mon réveil.

Ces deux chambres ! tout un monde y vit dans ma mémoire. J'en connais les cheminées, les croisées, les portes, les placards. Le soir, il m'en souvient, Mademoiselle, l'institutrice, nous y faisait parfois réciter la prière. La voix de Mademoiselle me rendait ces patenôtres bien plus longues que quand mon père les égrenait. En hiver, dans ces chambres, on nous apprenait à préparer des oranges glacées. La cour est pleine de neige ; le rebord des fenêtres est tout blanc. Mon Dieu, que ce décor est beau ! Le pâle soleil de janvier fait briller les petits cristaux neigeux, trop faible pour qu'ils fondent. Mademoiselle dispose les oranges, quartier par quartier, tranche par tranche. Elle les range, tels des soldats alignés, sur des cartons blancs. Dessus on verse une liqueur ; on les roule dans le sucre. C'est le grand moment : la fenêtre est ouverte. On place sur le rebord tout semé de neige les oranges avec leurs cartons. Au bout d'une heure, on les rentrera glacées dans la tiédeur de nos chambres. Comme elles nous sembleront délicieuses ! Les sorbetiers les plus réputés n'ont jamais rien préparé de meilleur.

Au fond de nos chambres, donnant sur la rue, étaient deux cabinets de toilette. Si je longe la rue Férou, je ne manque pas de lever la tête pour saluer les deux petites impostes qui les éclairent. Que de magnifiques spectacles j'y ai contemplés !

Le Jeudi saint, les cloches partaient pour Rome, au *Gloria* de la messe ; le Samedi saint, elles revenaient pour l'*Alléluia*. Nous étions toute une nichée d'enfants penchés aux deux fenestrelles, qui regardions de nos yeux grands ouverts les tours de Saint-Sulpice et inspections le champ du ciel, de l'église jusque par-dessus les feuillages naissants du Luxembourg. Tout à coup, notre institutrice s'exclamait : « Les voilà ! les voilà ! les voyez-vous, les cloches ? Les voyez-vous ? Tous les enfants sages les voient. Oh ! la grosse là-haut, comme elle vole ; elle appelle les petites pour qu'elles ne s'attardent pas ! Les beaux rubans bleus qui les attachent les unes aux autres ! Les enfants méchants ne les voient pas ; les voyez-vous ? » Nous regardions, nous inspections azur et nuages d'un regard inquiet. Tout à coup l'un de nous criait (j'entends encore, me semble-t-il, la voix de ma sœur Thérèse) : « Ah ! je les vois ; je les vois. » Et notre désir était si fort, notre anxiété si grande, notre volonté si ferme, que, dans nos yeux d'enfants, passait bientôt toute une vision de carillons sonnants et brinqueballants. Joie ! joie ! joie de Pâques ! Tous, bien sages, nous avions contemplé le merveilleux vol des cloches et leur triomphante rentrée aux tours de notre paroisse quand, toutes confites en piété, elles revenaient après s'être confessées au Pape. « Eh bien ! le Pape, il doit en avoir du travail d'écouter la confession de toutes les cloches », confiai-je un jour de Pâques à ma sœur Germaine. « Il doit en écouter plusieurs à la fois, me répondit-elle. Ça leur est bien égal, aux cloches, elles n'ont pas d'yeux pour voir celle qui parle. Alors, il n'y a pas de honte. » Admirable logique des petits.

Un jeu délicieux pour nous, c'était celui des bulles aux couleurs d'arc-en-ciel, les bulles de savon. Nous invitions nos petits amis et petites amies : Marie-Thérèse, Henri, Antoinette Ruty ; Marthe, Marie Stirbey, jeunes Roumaines dont le père était le plus cher compagnon du nôtre ; nos cousins Portalis, Étienne, Waldemar, Casimir, d'autres encore. Une grande cuvette que remplissait une eau mousseuse était préparée. Chacun de nous se munissait d'une grande paille, et, penchés à nos petites fenêtres, nous nous exercions à souffler dans nos chalumeaux pour créer de beaux ballons irisés qui montaient dans l'air et se brisaient un peu plus loin. Guiguite était passée maîtresse en bulles de savon.

Quels cris de bonheur quand nous avions réussi à former une splendide mappemonde aux couleurs brillantes ! Les minutes passaient comme l'éclair ; l'heure coulait rapide. Vraiment, je me demande si les enfants d'aujourd'hui, auxquels nous donnons de si riches jouets, s'amusent avec leurs chefs-d'œuvre mécaniques d'aussi bon cœur que nous le faisions avec notre cuvette et nos pailles.

Les plaisirs du simple et du pauvre ne seraient-ils pas les meilleurs ?

Un beau spectacle, c'était celui de la duchesse de Doudeauville, quand elle venait chez son amie, notre voisine la marquise de l'Escalopier. Elle emplissait notre petite rue avec sa berline armoriée aux huit ressorts et à la housse du siège, où trônait un majestueux cocher flanqué d'un superbe laquais. Cette voiture m'apparaissait semblable à celle qui vint chercher Cendrillon, ou au carrosse du Chat Botté, celui qui promène le marquis de Carabas, ou encore à l'équipage qui porte le Prince Charmant. Mais la Duchesse me semblait très vieille et cela me désenchantait : « Maman, j'ai vu la Duchesse ; elle est très vieille, elle a bien cent ans. » Et ma mère riait et me déclarait : « Mais non, mon petit, elle n'est pas vieille. » Un jour, je vis sortir de la voiture une belle et toute jeune dame. Pour le coup, toutes les images de nos beaux contes, les contes de fées qui remplissaient de lumière nos esprits et transfiguraient notre monde, toutes les adorables histoires que me contaient et ma mère et nos bonnes, me parurent réalisées : « Maman, la Reine des Pois (c'était une de nos fées les plus aimées) a vaincu la méchante fée Carabosse : elle a *refait* la Duchesse toute jeune. » Et j'en étais foncièrement persuadé.

IV

NOS FÊTES : NOËL, PÂQUES ET QUELQUES AUTRES

Les cadeaux de l'Enfant Jésus. — Henriette, Alexandre et la lampe à huile. — Les petits souliers devant la cheminée. — Polichinelle. — Le Guignol du Luxembourg. — Un mot incongru. — Pâques. — La grand'messe de Saint-Sulpice. — Le grand Christ du banc d'œuvre. — Laideur et fidélité. — Le pain bénit. — L'abbé de Lanterie, brioche, embrassement. — L'offrande des brioches pascales. — La lettre de Pie IX. — Les sulpiciens. — M. de Lanterie et les Orléans. — Le boulangisme et le calice de M. de Lanterie. — Pourquoi j'aime les sulpiciens. — Les œufs de Pâques. — Le déjeuner pascal. — Le menu de Pâques. — Les Rois. — Le dîner du 6 janvier. — La galette de l'Épiphanie. — Comment se doit tirer la fève. — Je cède la place à Marion. — Le choix du roi de la reine. — Quand le pauvre fut roi. — Le tumulte du « roi boit ». — Nos saturnales. — Comment nous commandions le dîner du 7 janvier. — La bisque aux écrevisses. — L'Ascension. — L'eau fleurie. — L'ange passe et les enfants se débarbouillent. — Notre-Dame des Victoires. — Mourir ensemble, rester jeunes et jamais la fin du monde. — La tête de la comtesse Ruty a tourné, celle de Mme de B. ne tient plus qu'à un fil. — Sainte-Geneviève, Saint-Germain-l'Auxerrois ; les honneurs militaires.

Noël et Pâques étaient pour nous des journées vraiment divines. Nous étions trop petits pour aller à la messe de minuit : nos parents et les grandes personnes se rendaient seuls à cet office unique. Nous nous couchions bien sagement, non sans avoir chanté quelques noëls devant la crèche, encore vide. Mais comme notre cœur battait, tandis qu'on nous mettait au lit. Que de questions je posais ! Que va me porter le petit Jésus ? (Car alors il n'était pas question du stupide bonhomme Noël.) Quelle peur de n'avoir qu'une verge pour tout régal !

Il me souvient d'une nuit de Noël où j'étais malade ; je ne sais plus de quelle maladie : rougeole, coqueluche ou quelque fièvre. On m'avait couché dans un petit lit placé au pied du lit maternel. C'était là, je l'ai noté, que je reposais chaque fois que j'étais quelque peu souffrant. Je me réveillai tout à coup : ma sœur aînée Henriette et mon grand frère Alexandre étaient près de moi. Que préparaient-ils ? Que faisaient-ils ? Tout me semblait mystérieux en cette nuit. Une lampe carcel posée tout proche ma couche éclairait la chambre. La lumière si douce, l'aimable lumière des lampes à huile, sous un abat-jour vert, projetait de grandes ombres étranges sur les murs et sur le plafond. Quelque accident était survenu. Henriette et Alexandre me semblaient fort en peine : ils avaient dévissé le godet où s'amassait l'huile brûlée et recueillaient les gouttes qui tombaient dans une assiette. Mon réveil les troubla fort : « — Mon Dieu, dit mon grand frère, voilà Jeannot qui se réveille. — Jamais, répondit ma sœur, nous ne réussirons à arranger cette lampe. Il faut que tout soit prêt avant le retour de papa et de maman. »

J'ouvrais de grands yeux : « C'est quoi donc ? » demandai-je dans le langage spécial dont usent les enfants selon des lois philologiques et phonétiques qui ne retiennent pas assez l'attention des savants. « Reste tranquille, chéri, dit Henriette. Le petit Jésus va venir, et il ne donne rien aux enfants qui ne dorment pas. »

J'aurais tant voulu voir le petit Jésus. Je le devinais descendant par la cheminée. Je me le représentais vêtu de rose, avec ses cheveux blonds bouclés, ses grands yeux bleus.

« Dors, commanda mon frère, autrement je ne réponds de rien. »

Je fermai les yeux, subjugué. Mais j'aurais tant voulu connaître le bel Enfant qui, en cette nuit, circulait porteur de miraculeux présents. Et tout paisiblement, sans m'en apercevoir, je m'endormis, tandis que je songeais aux prodiges de ces heures nocturnes où Jésus s'en vient, sur un rayon de lune, descend le long de la cheminée, passe à travers les claires et joyeuses flammes du foyer, et garnit les souliers des petits, ses frères, y dépose les jouets, les bonbons, les images dont on rêve toute une année. Quand je me réveillai, ma bonne était près de moi. Elle me portait dans les bras de ma mère qui s'approchait de la cheminée et me découvrait une splendeur : des fleurs blanches formaient une neige soyeuse : mes petits souliers mordorés — je crois les voir — contenaient des modestes papillotes et de multicolores fruits confits. D'humbles jouets gisaient auprès. Je garde souvenance d'un Polichinelle au chapeau de gendarme, tout pailleté d'or et d'argent, à la double bosse qui me semblait son indispensable ornement. Ses habits étaient de soie verte et rouge. Il gloussait bien curieusement quand on lui pressait le ventre. Ah ! le beau temps, où les enfants étaient d'une indicible joie pour de si simples présents. Comme je l'ai aimé, mon Polichinelle ! Je fus très indigné quand mes sœurs voulurent lui donner un nom. Donne-t-on nom de fantaisie à un si brillant seigneur ? Tout le monde ne sait-il pas, de très exacte et très péremptoire science, que ce digne et respectable gentilhomme a un état civil illustre et fort authentique et qu'il dérogerait lamentablement s'il acceptait un nom quelconque ou surnom à la place de son patronyme : Polichinelle, ou, comme disait ma mère, dans ce délicieux langage que j'aimais tant sur ses lèvres : Pulcinella !

Oui, heureux temps où un joujou de quatre sous donnait telle joie, provoquait tel rire et suscitait si belles imaginations chez l'enfant qui le recevait en don.

Toujours est-il que Polichinelle fut de choix parmi mes toutes premières amours. Quelle allégresse quand, au Luxembourg, ma bonne me conduisait au Guignol, où, plus que Cassandre, Guillaume et commissaire, nous applaudissions Polichinelle à chacune de ses apparitions. Le Guignol du Luxembourg était mon théâtre préféré que j'estimais très supérieur au Guignol des Tuileries, aux Guignols nombreux en ce temps-là des Champs-Élysées (où l'on en comptait trois). Mon

Guignol dépassait ses rivaux de toute la distance qui sépare le Théâtre Français de l'Odéon. Le Guignol du Luxembourg donnait des pièces variées qu'accompagnaient un violoniste et un harpiste, les plus excellents musiciens du monde. Ce Guignol avait un Polichinelle vraiment sans rival. Ses gloussements étaient d'inimitables vocalises. À ce théâtre fort distingué, sur le premier banc, prenaient place les rejetons élégants des familles notables. Je n'oublie pas un beau scandale qui agita notre monde lilliputien en cette époque préhistorique où petits et grands usaient d'une langue châtiée et avaient horreur de toute vulgarité. Dans le feu de l'improvisation, l'impresario ne fit-il pas donner comme réplique sonore de Guillaume au commissaire une exclamation alors inouïe. Ce fut l'épouvante parmi nos bonnes et nos gouvernantes.

Mes jeunes voisins, Amédée des Garets, le fils du général qui logeait en notre maison (je n'arrive pas à y situer leur appartement), et Alain Ducreux, qui, avec ses parents et ses deux sœurs jumelles, Marie et Claire, logeait au-dessus de nous, me questionnent, éberlués : « Ça veut donc dire quoi : *Merde* ? qu'elles ont toutes crié et que la *dame* leur a demandé des tas de pardons ? » (*Elles*, c'étaient nos gardiennes ; la *dame*, c'était une personne d'importance dont les sourires nous flattaient ; songez : la propriétaire-directrice de notre théâtre !)

Tout cela, à propos de mon Polichinelle, le mirifique Polichinelle de Noël, dont l'enfant de nos concierges dirait aujourd'hui, si présent lui en était fait : « J'en veux pas, ça s'achète pour vingt *ronds* », car telle est la poésie de l'actuel langage enfantin.

Si Noël était une splendide féerie, Pâques ne lui cédait en rien.

Ce jour-là, nous étions conduits à la grand'messe de Saint-Sulpice. J'exigeais toujours d'être placé plus haut que le banc d'œuvre, car je ne voulais pas voir le grand Christ qui le domine, tout orné d'une guirlande de bois sculpté, que je prenais pour un gigantesque rosaire ; j'aimais une fresque du transept sud où Jésus, nimbé d'or, sort du tombeau. Sa face est rayonnante, ses pieds ne touchent pas terre, son vêtement est blanc comme la neige. Je voulais mon Dieu glorieux, triomphant. Je me révoltais à le voir pendu douloureux au gibet de la croix. Je voulais une religion de joie, de lumière, d'harmonie, de gloire. La voix des orgues m'emplissait de jubilation. Les parfums de l'encens m'enchantaient, et je m'extasiais aux balancements savants des encensoirs que jetaient bien haut, à longues chaînes, d'habiles thuriféraires aux aubes de dentelles et aux ceintures de soie pourpre frangées d'or. Leurs phalanges me semblaient radieuses et angéliques, tandis que l'interminable défilé des séminaristes en soutane noire, surplis, barrette et rabat, m'inspirait une horreur sacrée : « — Mademoiselle, dis-je un jour à notre institutrice, pourquoi le bon Dieu les prend-il tous si laids ? — C'est pour mieux les garder fidèles », me répliqua-t-elle. Et longtemps cette réponse mêla dans ma petite cervelle les notions de laideur et de fidélité d'une bien fâcheuse façon. Pourquoi le bon Dieu voulait-il des serviteurs sans beauté ? Ce problème m'intriguait.

Parmi les pompes du culte, le rit du pain bénit m'apparaissait empreint d'une singulière et savoureuse solennité. Cette cérémonie tenait pour moi du prodige. J'aimais et révérais ces brioches dorées qu'encerclait la couronne des cierges sur le brancard de velours porté par des choristes semblables aux angelots des bénitiers. Ce spectacle me jetait dans le ravissement. Le pain bénit me paraissait le meilleur des gâteaux. Le signe de croix que je traçais sur moi avant de le goûter m'absolvait dans mon idée de toute profane gourmandise et excusait mon regret à trouver le morceau si petit. Mais ce regret durait peu, car l'excellent abbé de Lanterie nous attendait à la sortie, celle du transept à droite, proche de la sacristie, et ne manquait pas de me remettre une brioche entière. Plus fier qu'Artaban, je la rapportais à la maison. M. de Lanterie était affectueux et primesautier. Je le vois, un jour de Pâques, m'enlevant dans ses bras et m'embrassant devant tous les fidèles. J'en étais enthousiasmé. M. Hamon, ai-je pensé depuis, dut lui faire observer que M. Branchereau, l'auteur estimé de *Politesse et convenances ecclésiastiques*, eût désapprouvé ce geste trop spontané et abandonné.

Chaque fois que nous assistions à la grand'messe, le moment du pain bénit me comblait d'admiration. Je crois bien qu'il m'apparaissait l'instant le plus solennel de la liturgie. Mais, un jour de Pâques, la vision du cortège qui conduisait les brioches à l'autel a laissé dans ma mémoire une trace particulièrement brillante. Le pâtissier s'était surpassé. Jamais je ne vis d'aussi splendides brioches que ces brioches pascales. Une année, je fus désigné avec ma sœur Germaine pour présenter l'offrande de ces gâteaux dorés si alléchants. C'était M. Hamon qui avait voulu faire cet honneur à mes parents. On soupçonnait le vénérable curé de gallicanisme. Mon père lui avait obtenu une lettre autographe de Pie IX qui le remerciait d'une offrande généreuse : le denier de Saint-Pierre offert par la paroisse. Cette épître pontificale ne quittait plus le cœur du vénérable pasteur. J'ai retrouvé plus tard, parmi les papiers de mon père, une lettre de M. Hamon, où il lui rendait grâces pour cette insigne faveur. Je crus bien faire d'offrir cette lettre à la communauté des sulpiciens qui dessert l'église. Ni le successeur de M. Hamon ni ses vicaires ne parurent comprendre l'intérêt de ce document. M. Hamon était bien mort pour eux. Il n'est pas de bon goût, dit-on, de parler de corde en la maison d'un pendu, ni de gallicanisme chez les sulpiciens ; ces respectables, très dignes et pieux ecclésiastiques auraient toujours, dit-on, pratiqué un discret opportunisme. Saint-Simon, pour ce fait, les accablait d'un injuste mépris et leur décochait des traits fort regrettables. De méchants critiques prétendent qu'ils soutinrent, *unguibus et rostro*, les articles de 1682 et l'indépendance de la couronne envers le Saint-Siège ; que M. Émery, plus tard, engagea le clergé de France à prêter le serment de haine à la royauté, pour devenir le louangeur de Napoléon et le patron de l'ex-chanoine Fesch dont il se porta garant, et pour qui il obtint la primatie des Gaules et le chapeau cardinalice.

Les divers régimes qui se succédèrent en France obtinrent à tour de rôle leur adhésion. Mais je sais, pour ma part, combien grande est leur prudence, sincère leur piété. J'admire leur austérité, car ils portent tout le poids des contraintes monastiques, sans avoir aucune des consolations humaines que donne la vie conventuelle à ceux qui l'ont embrassée. Et je parle ici fort sérieusement, j'ai compris ce qu'était leur esprit d'obéissance quand, pour complaire à un archevêque parisien (vers qui va, par delà le tombeau, ma filiale vénération), ils renoncèrent sans hésiter au rabat si longtemps défendu par eux, pour des raisons d'ailleurs plus justes que ne l'imagine le vulgaire.

Le bon abbé de Lanterie, dont j'ai conté les paternelles effusions, avait, lui, brisé le moule. Il parlait à bouche que veux-tu, sans se soucier le moins du monde de l'effet que pouvaient produire ses paroles sur ceux qui ne partageaient pas ses idées. Quand je vins au monde, la France était encore tout agitée des querelles qui divisaient légitimistes et orléanistes. M. de Lanterie était un serviteur passionnément fidèle du roi Henri V et de la branche aînée. Mais si le seul nom de Bourbon le transportait, celui d'Orléans crispait son visage et son cœur. Je l'entends encore me dire dans le bureau de mon père, entre deux embrassades : « Mon petit, prie bien pour que le Roi revienne vite et pour qu'il nous débarrasse des Orléans. » Plus tard, beaucoup plus tard, comme le boulangisme s'achevait en déconfiture, j'ai su qu'il était allé offrir un beau calice à Montmartre, accomplissant ainsi le vœu qu'il avait formé si l'accès au trône était pour toujours fermé aux Orléans. « Après cette *gaffe* (c'est du boulangisme qu'il parlait), je crois que c'en est bien fini *pour eux* (les Orléans) de tout espoir. Alors, très joyeux, j'ai porté mon calice. »

À trois ans, on est excusable de ne pas trop savoir ce que sont Bourbons et Orléans. Mais je savais qu'il fallait aimer les premiers, et que les seconds ne valaient rien. Nous avions, parmi nos serviteurs, une vieille domestique bretonne que nous appelions, je ne sais pourquoi, de son nom familial : « — Dis, Couëdic, ils sont donc bien méchants, les Orléans ? — Oh ! oui, mon petit, méchants comme le chien de M. Belin que le concierge, l'autre jour, a tué dans la cour parce qu'il était enragé. — Alors, on va les tuer, les Orléans ? — Nenni, hélas ! — Et pourquoi donc ? — Parce qu'ils sont trop ! »

Les mots de la vieille du Couëdic résonnent à mes oreilles ; je la vois sous son bonnet blanc, comme en portaient si heureusement les servantes. J'étais près d'elle, dans la vérandah qui conduisait à nos chambres. Je crois que je marquerais sur le parquet la place exacte que nous occupions tous deux.

Telles furent mes premières leçons de politique ; je les tins d'un excellent abbé primesautier comme ne l'est pas un sulpicien, et d'une vieille domestique taillée sur un modèle impossible à retrouver. Ne vous étonnez pas si j'aime, si je respecte les rares serviteurs qui vieillissent en nos jours sous le harnais de la fidélité. Comprenez pourquoi, malgré Saint-Simon (le premier des orléanistes, d'ailleurs), M. Émery et l'esprit démocratique qui, affirment faussement quelques-uns, s'est infiltré jusque dans la *Solitude*, j'aime toujours d'une amitié déférente et sincère les fils de M. Olier. Ils demeurent pour moi la parure grave mais de haut style qui rehausse la beauté de notre Église française, et a fait de notre clergé le premier du monde.

Quand nous revenions de la messe pascale, nous trouvions la maison parée et ornée. Notre mère nous attendait. Nous cherchions sur ses lèvres les mots qui, nous le savions, en allaient tomber : « Mes enfants, la poule de Pâques est venue et a pondu. Cherchez les œufs. » Cris, rires, battements de mains, course éperdue à quatre pattes. Sous les meubles, fauteuils, tapis, canapés, commodes, nous poursuivions les œufs de chocolat ou de sucre ; ou encore les beaux œufs naturels rehaussés de peintures bleues, jaunes, rouges, roses, ou de dessins et de devises. Quels cris à chaque découverte ! Puis notre récolte était mise en commun, et notre mère aimée procédait elle-même à l'équitable répartition. Nouvelles surprises, nouveaux bonheurs : « — Maimaine, j'ai le beau avec le ruban doré. — Et moi, Jeannot, le rouge avec la clochette. » Et Guiguite : « Dans le mien, il y a un poussin tout jaune. »

Le déjeuner de Pâques revêtait un éclat extraordinaire. Ce jour-là comptait parmi ceux où les enfants mangeaient à table. Quel événement ! quel honneur ! Notre père disait gravement le *Benedicite*. Et c'était le bienheureux défilé des plats symboliques et traditionnels. Francis apportait la *pastiera*, le mets de Pâques napolitain. À chacun, il remettait une *casatella*, brioche succulente qui entoure un œuf emprisonné par deux rubans de pâte disposés en croix. Venaient ensuite le rôti d'agneau aux herbes amères, et la salade biblique des cornichons, du romarin, du cerfeuil macérés, tout simplement. Non, jamais je n'ai rien vu d'aussi beau ; jamais je n'ai rien goûté d'aussi succulent que le déjeuner pascal.

Aussi toujours j'ai aimé à le célébrer selon les formes apprises en mon enfance, chaque fois que j'ai vécu un jour de Pâques sous le toit de ma maison.

Notre enfance avait d'autres jours charmants.

Les Rois, le 6 janvier ! Encore une fête qui réunissait les grands et les petits autour de la table paternelle. Quelques invités s'y trouvaient parfois conviés, des intimes dont la présence ne changeait rien à l'ordre du repas. Je revois, auprès de mon père et de ma mère, le chanoine Moigno, qui avait béni leur union ; le comte Georges de Beaurepaire, superbe capitaine de cuirassiers ; les Raoul de Saint-Seine, dont les enfants étaient de notre bande ; les Boissieu, les Aboville, les Ruty, les Juigné.

Le repas se déroulait joyeux, mais avec l'étiquette coutumière. Nous, enfants, nous ne bronchions pas : le silence était notre règle. Notre joie n'en était pas altérée : d'abord nous avions l'honneur d'être à la table, *comme les grands* ! Puis il y avait la gaîté de nos parents qui rayonnait jusqu'à nous et en nous. Et puis il y avait la nappe ornée, les flambeaux, les fleurs, le beau linge damassé où les armoiries avec la devise se répétaient indéfiniment. Il y avait surtout le mousseux bourguignon dont tout à l'heure, nous le savions bien, gredins que nous étions, nous aurions notre part.

Voici le grand moment : le maître d'hôtel apportait la galette : une grande galette, blonde à ravir, avec une admirable croûte toute frisottée, comme ondulée au fer. Mon père la découpait savamment, puis la galette était couverte d'une belle serviette. Le plus petit d'entre nous passait alors sous la table, s'approchait des jambes de mon père. Le plus petit, c'était moi durant des années. Vint un jour d'Épiphanie où je dus céder la place à ma petite sœur Marion. Cela m'enragea fort. Et les taquineries de Maimaine me harcelaient. « C'est bien fait ; tu m'avais volé ma place. C'est Marion qui te la prend maintenant. J'aime mieux que ce soit Marion que toi ; elle, au moins, elle ne m'a rien volé. » Ainsi vont les choses. Et les petits enfants dans une famille nourrissent contre ceux qui les supplantent les rancunes qui animent les royaumes ou les républiques contre les nations qui veulent leur ravir une prédominance ou quelque zone d'influence. « Les rivalités qui divisent les hommes et les dieux », chantaient les vieux poètes grecs. Les dieux de l'Hellade sont morts, mais les hommes continuent de vivre. Et à part la taille, la fraîcheur du teint, l'opulente chevelure, la forme du raisonnement, je voudrais bien savoir ce qui distingue un homme d'un enfant, l'homme que je suis du bambin que je fus.

Cette place sous la table était un poste des plus enviables : le petit qui se tenait ainsi caché avait la charge de nommer les possesseurs de la belle tranche dorée, la tranche de galette que, de sa fourchette passée sous la serviette, notre père désignait souverainement. Pour Sansandre ! Pour le comte de Beaurepaire ! Pour Fiot ! (car celui-là, nous l'appelions tous crûment par son nom). Pour maman ! Pour Yéyette ! Pour moi ! Pour la part de Dieu ! (c'était la tranche réservée aux pauvres). Pour Mademoiselle ! (c'était l'institutrice). Pour Guiguite ! et la série continuait au hasard de l'inspiration, car le rit voulait qu'aucun ordre protocolaire ne fût observé.

Quand toutes les parts étaient distribuées, chacun, le cœur palpitant, cherchait la fève dans la tranche de blonde galette qui lui était échue.

Cri de triomphe poussé par celui ou celle qui l'y découvrait. (Mon père n'admettait pas le ridicule petit baigneur de porcelaine.) L'élu marqué par le sort devait, à ce moment, faire le choix d'un roi ou d'une reine. Nouvelle attente inquiète. Une fois je fus roi ; je désignai ma mère pour reine. Mon cœur éclatait d'allégresse. Une autre fois, Maimaine me voulut pour roi.

Jamais je ne l'ai tant aimée. Il me souvient aussi d'une Épiphanie où la part de Dieu, la tranche réservée au pauvre, garda la fève. Nous fîmes la quête pour lui. Tous nos sous se groupèrent pour grossir l'offrande collective. Le lendemain, Mademoiselle, notre institutrice, et ma sœur Henriette, la grande aînée, conduisirent Maimaine et moi au pauvre, le pauvre à la jambe de bois, qui tendait tout le jour son chapeau sous le portail du séminaire. Nous lui remîmes la part du gâteau et notre trésor avec un beau salut. On nous avait appris que le pauvre nous faisait honneur quand il acceptait notre aumône. Quelle fierté quand il prononça : « Merci, ma petite demoiselle ; merci, mon petit monsieur. Le bon Dieu vous le rendra. » Nous étions aux anges ; il nous apparaissait que nous venions d'accomplir une grande mission. Nous nous sentions tout pénétrés d'importance. Le sourire de notre pauvre nous avait remplis de lumière et de joie.

Quand le sort et le choix avaient indiqué le roi et la reine, le tumulte commençait. C'était d'abord des clameurs : « Le roi boit ! la reine boit ! » Et quel tapage, quels applaudissements, quand les *souverains* n'arrivaient pas à vider la coupe où pétillait le mousseux, quand ils s'étranglaient dans un fou rire !

Licence complète nous était alors donnée. Nous éteignions les lumières, nous nous mettions à quatre pattes et jouions mille tours aux grands, voire à notre père et à notre mère, pour qui nous professions cependant un tel respect qu'en temps ordinaire nous ne les aurions jamais embrassés de nous-mêmes, et à qui toujours grands et petits se contentaient de baiser la main. En cette soirée, tout devenait licite, tout était approuvé. Nos parents se prêtaient à nos jeux et témoignaient une patience qui décuplait notre bonheur. Que n'inventions-nous pas ? N'imaginâmes-nous pas une fois de circuler sous la table et de pincer les jambes des convives, en les obligeant à deviner le nom de celui qui les leur pinçait. Et nos exclamations, chaque fois qu'une erreur était commise ! Le bonheur d'imposer un gage dont tout à l'heure nous exigerions le paiement !

La conclusion de la fête, c'était le dîner du lendemain. Nous avions le droit d'en commander chacun un plat.

Une année, je me rappelle fort bien que le choix du potage me revint. Qui avait pu me parler de bisque aux écrevisses ? Ce mot, entendu je ne sais de qui, je ne sais comment, avait laissé dans mon esprit l'idée d'un mets extraordinaire. *Bisque aux écrevisses* ! Ce devait être, pensai-je, une nourriture de fées et de génies. Toujours est-il qu'à la stupéfaction générale je voulus comme potage une bisque aux écrevisses. J'en rêvais, de ce plat. Je m'en promettais miracle. Les succulences qu'avaient ordonnancées mes frères et sœurs n'avaient pour moi nulle importance. Et c'est bien en vain que Maimaine me rebattait les oreilles du *riz à l'impératrice*, qu'elle avait voulu pour entremets. J'avoue que la bisque aux écrevisses, quand elle parut, me sembla, malgré sa couleur rose, un aliment fort ordinaire. Son goût me fit encore moins de plaisir.

De ce jour, je compris que les amours et les espoirs des hommes tiennent leur prestige de l'illusion, et que le désir est dans les bonheurs et les triomphes d'ici-bas la meilleure part, car la réalisation le déçoit toujours.

L'Ascension nous réservait une autre surprise. Pour ma sœur Marion et moi, notre bonne préparait la veille de la fête, selon une antique coutume napolitaine, un baquet d'une eau claire où trempaient feuilles de roses, violettes, pétales de lis et lavande. Ce bassin était placé, le soir venu, à ciel ouvert. L'Ange de l'Ascension passait durant la nuit. Il bénissait l'eau fleurie et trempait sa main blanche dans cette onde parfumée. Au matin, tout heureux, nous plongions notre visage parmi ces fleurs. Jamais nous ne nous sommes lavés de si bon cœur et avec tel entrain. Comme il faisait bon frotter ses joues avec des mains que nous emplissions de pétales parfumés ! Nous pensions y retrouver la caresse de l'ange dont les ailes avaient battu au-dessus du bassin tout embaumé.

Pourquoi faut-il qu'un jour l'enfant perde l'intelligence de croire au petit Jésus de la cheminée, à la poule pascale, à la fée

Befana, à l'ange de l'Ascension, aux bassines fleuries où les enfants lavent au matin leurs gais visages parmi les fleurs ? Pourquoi l'homme devient-il si piètre quand il cesse d'être un naïf enfant ?

Je ne terminerai pas ce chapitre des fêtes religieuses sans remémorer mon premier pèlerinage à Notre-Dame-des-Victoires. Ma mère s'est agenouillée à la table de communion, devant la statue miraculeuse, du côté de l'épître. Je suis à sa droite :

« Prie bien avec ta maman, mon petit. Tout ce que tu demanderas ici à la Sainte Vierge, tu l'obtiendras. »

J'ai prié de tout mon cœur. À la sortie, ma mère m'a interrogé :

« — Qu'as-tu demandé à la Sainte Vierge, chéri ?

— D'abord que nous mourions tous ensemble, pour n'avoir à pleurer personne, ni maman, ni papa, ni Sansandre, ni les sœurs, ni Zoulou (Zoulou, c'était un caniche blanc qui avait toute ma tendresse), ensuite que nous restions toujours jeunes, et puis qu'il n'y ait jamais la fin du monde. »

Pourquoi cette fin du monde me tracassait-elle à ce point ? J'avais dû recueillir quelques déclarations sur ce sujet échangées entre Sansandre et mes grandes sœurs. Et, sans doute, en avais-je été pénétré d'effroi. Car les enfants ne laissent tomber aucune parole et prennent tout à la lettre. Il me souvient d'avoir entendu dire à la comtesse Ruty : « Ma chère, en traversant le pont, la tête m'a tourné. » Je me demandais quelle curieuse apparence pouvait bien avoir alors cette grande amie de ma mère avec une tête qui regardait son dos. Une autre fois, comme Yette revenait de chez les Chalvet, elle déclara : « — Cette pauvre Marie (depuis Mme de Boisdeffre) avait une terrible migraine, sa tête ne tenait plus qu'à un fil. — Pourvu qu'il ne casse pas ! » m'écriai-je, terrorisé, car cette tête suspendue au bout d'un fil me laissait dans l'épouvante.

Quelques propos sur le dernier jour de notre univers avaient dû tracer en moi un terrible tableau, d'où était née ma prière : « Qu'il n'y ait pas la fin du monde ! »

Notre-Dame-des-Victoires est la seule église parisienne (exception faite de notre chère paroisse Saint-Sulpice) dont je garde souvenance en ces toutes premières années de ma vie. Cependant, si je scrute bien ma mémoire, je me rappelle avoir été conduit plusieurs fois au tombeau de sainte Geneviève ; et puis, un jour, je devais avoir cinq ans, j'accompagnai les miens aux funérailles d'un magistrat ardent royaliste, le président ou le conseiller Hello, frère de l'écrivain. C'était à Saint-Germain-l'Auxerrois. Voici le catafalque avec la simarre et les hermines de l'épitoge. Un détachement militaire est là ; commandements brefs : « Portez armes ; présentez armes ; genoux, terre ! » Et le clairon qui retentit dans la majesté du saint lieu.

Notre-Dame-des-Victoires et sa Madone couronnée d'or, si maternelle, si royale, ont laissé dans mon âme d'enfant un rayonnement qui jamais ne s'éclipsera. Ma jeunesse, mon adolescence a vu souvent notre famille entière groupée devant l'autel de la Vierge du sanctuaire des Petits-Pères. Combien de fois y suis-je retourné depuis ! Mais ce premier pèlerinage, où j'accompagnai ma mère, a gravé dans mon esprit et dans mon cœur une empreinte ineffaçable. Que nous mourions tous ensemble pour n'avoir à pleurer personne ! Qu'il n'y ait jamais la fin du monde ! Que nous soyons toujours jeunes ! Notre-Dame des Victoires, la grande victoire : le triomphe de la vie sur la mort ! Mon rêve d'enfant ; puisse-t-il durer jusqu'à mon dernier jour !

V

LE JOUR DE L'AN

Les vœux aux parents. — Les lettres de bonne année. — Livres et bonbons. — L'*Union*. — Mon père grand doctrinaire. — Les livres que nous valait l'*Union*. — La famille Chester et Caramel. — Caramel, le roi de Congo, Jeannot. — Aumônes et cadeaux. — La bibliothèque. — Le prince Chénevis. — La Reine des Pois et le Roi Panache. — L'histoire véridique de Polichinelle et son secret. — Gribouille et Monsieur de Crac. — Gaston et Lili. — Comme quoi la mise en pratique des lectures ne va pas sans inconvénient. — Échange de visites et souhaits. — Les décorations sous globe. — Fruits confits et monnaie.

Le jour de l'an comportait avant tout les vœux à nos parents, lesquels n'allaient point sans quelque cérémonie. L'air y était assez compassé. Peut-être l'ennui des lettres que, tout petits, nous devions écrire à notre grand-père de Naples, à nos oncles et tantes de province, m'a-t-il laissé cette impression en demi-teinte. Je me contentais de signer ; encore me guidait-on la main. Quel travail ! Heureusement, il y avait les cadeaux : livres et bonbons. L'ardente foi royaliste de notre père lui avait fait accepter le poste peu enviable de rédacteur en chef à l'*Union*, l'organe légitimiste d'alors. Il y employa de longues années son talent hors pair de polémiste, de libérateur et son génie de penseur. Souvent je me suis demandé s'il n'avait point, par ces fonctions, mis la lumière sous le boisseau. Mon père unissait une intransigeance de pensée, une rigueur de jugement, une violence rude de théoricien à une absence totale d'ambition, à une humilité de saint qu'il poussait jusqu'à un degré difficile à concevoir.

L'ensemble de ces rares et chevaleresques qualités ne servirent pas à son succès humain, mais elles le façonnèrent en figure héroïque. Il fut le vrai modèle du preux, un paladin de l'épée et de la plume ; il n'a été diminué ni par les attaques de ses adversaires, ni par les haines jalouses de ses ennemis, ni par les incompréhensions des princes qu'il servait avec désintéressement et qu'il voulait hausser à la taille de leur cause. Ses fonctions nous valaient de ses éditeurs, au renouvellement de chaque année, une collection de beaux livres pour tous les âges de la jeunesse. *Les Contes de Monsieur de Crac*, *les Chansons françaises*, *l'Histoire de Gribouille*, *le Prince Chénevis*, *les Contes de Perrault*, *la Famille Chester*, *les Aventures du Roi Panache*, les livres de la Comtesse de Ségur ont enchanté nos enfances. Je dois écorcher quelques-uns de ces titres, mais comme les héros de ces volumes et leurs hauts faits me demeurent vivants ! *La Famille Chester* racontait les prouesses d'une nombreuse maisonnée, une tribu de rats. Les images qui décoraient ces chefs-d'œuvre repassent devant mes yeux. J'avais une particulière sympathie pour un raton de cette épopée : Caramel. Il était logé avec ses père, mère, frères, sœurs, dans un énorme fromage de Chester, d'où le nom de toute la lignée. Je vous assure que Caramel était adorable. Je l'aimais par prédestination, car les miens m'en avaient donné le surnom avant même que je fusse capable d'entendre son histoire. La Sœur garde-malade qui soignait ma mère quand elle me mit au monde m'avait surnommé le roi du Congo. Ce sobriquet et celui de Caramel me désignèrent longtemps et ne furent remplacés qu'à la longue par celui de Jeannot, qui demeura vainqueur.

À peine les livres nous étaient-ils donnés que nous nous précipitions sur ces trésors indivis. Hélas ! nous ne les gardions pas tous. Nos amis, les enfants des écoles, les pauvres recevaient, comme il est juste, leur ample part. Nous étions formés à accomplir joyeusement ce sacrifice. Il nous en coûtait cependant. Aussi quel trésor nous était notre bibliothèque, modeste meuble dont le dessin précis se profile toujours dans mon souvenir ! J'aimerais tant la retrouver ! Qu'est-elle devenue ? Je

LE JOUR DE L'AN

l'ignore et m'en désole. Je l'aime d'un tendre souvenir, elle et les livres qu'elle contenait. J'aurais grande joie, je crois, à les relire. Je tomberais, comme autrefois, en extase devant telle image et telle phrase. Par exemple celles qui représentaient l'éducation du Prince Chénevis : « On lui apprit les parades de l'escrime, à jouer de l'épée et du fleuret, à danser et à ramasser le mouchoir des dames. » Et une petite gravure, au milieu d'une page (à droite, je la vois comme si elle était devant moi), montrait le Prince Chénevis qui, de sa main gauche, maintenait avec grâce son épée, tandis que, courbé, il relevait un mouchoir de dentelle pour l'offrir à une noble invitée de la reine, son auguste mère.

Et la Reine des Pois qui façonnait son carrosse, attelé de papillons, dans un pois de senteur ! Et le Roi Panache qui devait descendre de cheval, au cours de la chasse, s'asseoir sur un tronc d'arbre et attendre une longue journée pour que son tailleur vînt recoudre sa culotte royale fâcheusement déchirée ! Songez : le vêtement du souverain ne pouvait être reprisé qu'au moyen d'une certaine aiguille, une aiguille d'or ! Et l'artifice d'un méchant nain avait rendu l'aiguille introuvable. Quels développements n'avait-on pas brodés sur ce thème ! et quelles péripéties ! et quels tragi-comiques incidents !

Il me souvient particulièrement d'une histoire qui retraçait la vie de mon très aimé Polichinelle. C'était un personnage important à la Cour de je ne sais plus quel monarque, dont il avait la confiance. Un duc, fort grand seigneur, y jouissait de la même faveur. Cette canaille de Polichinelle ne pouvait souffrir le duc et ses mépris. Un jour n'inventa-t-il pas de raconter, sous grand secret, à un mutin de page, qu'il avait vu d'un œil indiscret le duc dans la salle de bain de son appartement du château royal, alors qu'il lui portait par ordre un message du roi. (La mode du nudisme et du déshabillé sur les plages n'avait point cours dans cette préhistoire qu'est ma lointaine enfance, vous vous en rendez compte à ce véridique récit.) Or Monsieur le Duc, prétendit Polichinelle, était sur tout son corps plus couvert de plumes qu'un poulet. Seuls sa figure, son cou, ses mains et ses poignets échappaient à cette disgrâce. Le page n'eut rien de plus pressé que d'en avertir, sous le sceau du secret, une fille de cour, sa tendre amie. La demoiselle raconta la chose à un autre de ses soupirants. La chaîne était formée ; elle ne se rompit point. Le grand secret arriva jusqu'aux oreilles du souverain, qui s'ébaudit fort à cette nouvelle. Ainsi naquit l'expression bien connue : *le secret de Polichinelle*. Il advint que Monsieur le Duc prit une forte culotte au pharaon. Comme il venait faire sa cour au roi, et qu'il montrait un visage assez marri : « — Vous avez l'air, Monsieur le Duc, de nous celer quelque disgrâce. Seriez-vous malade ? Souffririez-vous de quelque incommodité ? — Hélas ! oui, Sire, je souffre, car je viens de me faire complètement plumer, répliqua le seigneur. — Voilà qui est bien fait, dit le roi tout de go, et vous nous en voyez content. » Le duc en demeura médusé, puis se récria. Ainsi commença la disgrâce de Monsieur le Duc, ennemi personnel de Polichinelle. Cela ne nous apprenait point le pardon des injures ; mais nos rires ne s'arrêtaient pas.

Les hauts faits de Gribouille, qui se jette à l'eau pour ne point être mouillé, un jour qu'il avait revêtu son costume d'apparat, et qui, pour complimenter sa tante, une très grosse dame, lui disait : « J'ai visité aujourd'hui Notre-Dame. Oh ! ces admirables tours, si hautes, si larges, si énormes ! J'ai cru, ma tante, quand je les vis, que je contemplais votre beauté ! » Les aventures du baron de Crac qui, après une rude chevauchée sous la neige, attache, le soir venu, son destrier à un piquet de fer planté au beau milieu de la grande plaine toute blanche, et qui, le lendemain, au lever du soleil, s'aperçoit que la neige a fondu pendant la nuit ; qu'il est couché au pied de l'église, et que son cheval est au haut du clocher, suspendu par le licol à la pointe de la flèche ; ce baron qui meurt à la chasse parce que, d'un couteau trop bien aiguisé, il a fendu son pain, lui-même et le gros chêne auquel il était adossé ; tous ces mirifiques récits, transformés par les âges, réjouissaient dans notre vieux siècle nos petites têtes.

Des récits inventés par de plus modernes conteurs, et que nous trouvions dans nos volumes illustrés, avaient pour nous quelques inconvénients. Un de ces livres enfantins mettait en scène un fort aimable garçonnet. Il se nommait Gaston et méritait d'être le chéri de sa mère, car il se montrait en tout le plus exquis, le plus obéissant des enfants.

Ce petit bourgeois, que de merveilleux chromos représentaient bouclé, blond, beau à ravir, tutoyait ses parents et ne leur adressait la parole qu'avec ces mots câlins : « Petit papa, petite mère. » Ma bonne Mathilde me lisait ces jolies choses. Cette familiarité filiale m'apparut du meilleur goût. Je me résolus d'imiter ces exemples. Et c'est sur ce ton désinvolte qu'un beau jour je répondis aux caresses de ma mère. L'envie de renouveler cette facétie me passa dès cette malheureuse tentative. Je fus grondé, ma bonne fut vertement tancée, et le beau livre fut, du coup, confisqué.

Même mésaventure avec mon père. *La Petite Lili* en fut la cause. C'était un captivant ouvrage relié en rouge et or, avec des tranches superbes, toutes d'or elles aussi. Lili, petite fille modèle, était le charme vivant de son père. Elle versait dans sa tasse le café au lait du matin, étendait le beurre sur ses tranches de pain grillé, ouvrait son courrier et lisait avec lui ses lettres. Une image montrait Lili juchée sur le dossier du fauteuil paternel. Elle décachette les missives et les passe à son père.

Un jour (comment fis-je ?), je me glissai hors de mon petit lit, je me faufilai dans le bureau de mon père et de ma mère. Le plateau du déjeuner était posé près du courrier du matin. Je versai dans la tasse et la soucoupe, sur le plateau et sur le parquet, un mélange bizarrement dosé de thé, de lait et de sucre. J'ouvris d'une main aussi décidée qu'inexperte les enveloppes et j'attendis mon petit effet, triomphant, mais non sans un léger battement de cœur.

Ce jour-là ce fut terrible, et j'appris que c'était un crime de lèse-majesté d'ouvrir le courrier de ses parents. Je fus admonesté, grondé, fessé pour cette usurpation de fonctions, pour le thé et le lait répandus, le plateau sali, le tapis taché, le parquet inondé. Qu'eût-ce été, mon Dieu, si je m'étais hasardé jusqu'aux tartines de beurre ! Je n'osai invoquer *La Petite Lili* pour ma défense. Ma bonne Mathilde eut encore été morigénée ; elle ne m'aurait plus conté d'émouvantes histoires, ni montré de belles images. Je fus héroïque et j'acceptai, stoïque, d'être gourmandé et fustigé. Mais dès lors je compris que les histoires des livres et les histoires de la vie n'ont entre elles qu'un rapport assez faible ; qu'il faut tenir compte de la perspective, et qu'entre le roman et la réalité il y a beaucoup plus loin que de la coupe aux lèvres.

En moi-même je me répétais que l'on commettait de bien dures injustices envers les enfants et qu'il était pénible de se voir grondé, fouetté pour avoir accompli ce qui valait dans nos volumes tant de compliments au délicieux Gaston et à la charmante Lili.

Outre les livres, le jour de l'an nous apportait des fruits confits, des marrons glacés, des crottes en chocolat et quelques dons en argent qui nous emplissaient de fierté. Puissance de la richesse ! En avions-nous donc quelque idée ?

L'après-midi de ce jour, nous rendions visite à des oncles, à des tantes, aux vieux amis de la famille, tandis que nos cousins et cousines venaient porter leurs souhaits à nos parents. À vrai dire, l'offrande des vœux, les salutations, les baise-mains nous étaient plutôt fastidieux. Cependant j'étais sensible au décor des salons, où, pour cette fois, nous étions reçus. J'y voyais des objets qui me semblaient magiques. Je me rappelle surtout le salon de ma tante, la comtesse Portalis. Nos parents Portalis étaient les petits-neveux du Portalis rédacteur du Code napoléonien, un des grands magistrats (le plus grand peut-être) qui illustrèrent le tribunal sous le Premier Empire et la Restauration. Sur un meuble ancien se dressait un globe carré de verre (excusez ce globe carré ; je n'entends point que s'y fût réalisée la quadrature du cercle, mais je ne trouve pas d'autre expression). Ce globe abritait un coussin où s'étalaient d'innombrables cordons, croix, plaques, décorations. Je n'avais d'yeux que pour cet objet d'art mieux fait pour protéger une couronne et un bouquet de mariée que d'aussi solennels insignes.

Les chocolats, les fruits confits (parmi lesquels les chinois, petites mandarines vertes, avaient nos préférences), les marrons glacés surtout nous consolaient de la corvée qu'était l'offrande des vœux. Les cadeaux d'argent, si modestes qu'ils feraient sourire l'actuelle jeune génération, grossissaient notre humble trésor : en ces temps d'abondance et de simplicité, un écu de cinq francs était pour nous une grosse somme, un louis d'or nous émerveillait, un billet de cent francs nous apparaissait l'expression d'un intarissable Pactole.

VI

LES FÊTES DE NOS PARENTS

Manifestations littéraires et artistiques. — Le dîner et les glaces. — L'intimité de la Sainte-Élisabeth. — La solennité de la Saint-Henri. — Le marquis de Dreux-Brézé et le cadeau d'Henri V. — Les monnaies du duc de Luynes. — La fugue de la belle Hélène. — Le respect dû aux serviteurs. — Vanité des marmousets. — Maimaine s'évanouit. — Le lièvre a fait pipi.

La Sainte-Élisabeth, 19 novembre, et la Saint-Henri, 15 juillet, étaient les fêtes de notre mère et de notre père. C'était pour nous les heureuses occasions de pouvoir exprimer librement à nos parents notre affection. Nous déployions le grand jeu des manifestations littéraires ou artistiques : les aînés offraient des vers, des dessins, des compositions savantes, en grand style. Les plus petits débitaient poésies, fables ou compliments proportionnés à leurs âges. Ces jours-là aussi, comme pour Pâques et les Rois, c'était grand gala, et, selon le rit, les plus jeunes dînaient à table. La soirée se prolongeait gaie ; notre coucher était retardé. Nous avions le droit de commander chacun une glace à notre parfum préféré. Les coupes aux sorbets ravissaient nos goûts napolitains.

La Sainte-Élisabeth était tout intime, toute familiale. Mon père offrait à ma mère un présent qu'il savait désiré par elle. Plusieurs fois il lui dédia une poésie. Je conserve pieusement ces vers d'un si touchant amour. Un 18 novembre, il lui présenta un brevet de Don Carlos qui la créait Dame de Marie-Louise. Toujours il lui remettait une enveloppe pour ses charités. C'était, je crois bien, ce que préférait ma mère. Nous offrions des fleurs, de modestes cadeaux composés avec amour : Sansandre présentait un dessin ; mes sœurs, des broderies. Nous, les plus jeunes, nous récitions des poésies qui nous semblaient le fin du fin. Quelquefois nos aînés voulaient déclamer aussi : j'entends encore Lili dans la *Jeanne d'Arc* de Casimir Delavigne :

Eh ! quoi ? pas un ne sort des rangs.

Dieu ! comme les jeunes d'à présent nous trouveraient *pompiers* ! J'en rougis.

La Saint-Henri était plus somptueuse. Les groupements royalistes envoyaient des délégations saluer un chef dont l'autorité, l'éloquence et la simplicité les enthousiasmaient : notre père était un entraîneur d'hommes. Les domestiques étaient moins enchantés, qui redoutaient pour les tapis et les parquets les gros souliers bellevillois ou grenellois. La maison était toute remplie de fleurs, d'admirateurs et d'admiratrices : le cher duc des Cars, les Ramel, la bonne Mme Aubry, la duchesse d'Uzès, Mme Mackay, l'Américaine dont je savais que le mari découvrit une poche d'or (ce qui éveillait en moi de magnifiques et confuses idées : une poche d'or !), la comtesse de Puiseux, la marquise de Vasselot, les Viellard et tant d'autres. Tous ces groupes, tous ces fleuristes et serviteurs porteurs de fleurs qui traversaient la cour de notre maison, me donnaient de la joie comme si leurs compliments et leurs présents me fussent destinés. Je me rappelle que le marquis de Dreux-Brézé remit un 14 juillet à mon père au nom du roi Henri V (nous ne parlions pas autrement) une *châtelaine* aux armes de mon père et de ma mère et lui dit : « Le roi a pensé que le meilleur cadeau qu'il vous pût envoyer était un présent pour votre femme, napolitaine et cependant française comme pas une. »

J'ai longtemps vu cette châtelaine au côté gauche des robes maternelles. La mode a passé de ces bijoux. Ma mère, qui pour ses pauvres se défit de toutes ses parures, dut renoncer à celle-ci comme aux autres. Les pauvres nous ont pris là un précieux souvenir. Il me souvient aussi que le duc de Luynes (il aimait grandement mon père) lui envoya plusieurs années, pour sa fête, des pièces aux effigies d'Henri IV, Louis XIII, Louis XIV, Louis XV, Louis XVI. Mon père tenait beaucoup à ces monnaies.

Deux souvenirs se rattachent pour moi aux dîners du 14 juillet, je veux dire de la Saint-Henri (la Saint-Henri ne connaissait pas encore la concurrence de la Sainte-Marianne) :

La femme de chambre (elle se nommait Hélène et sa figure était toute *grêlée* ; ces deux caractéristiques sont sans rapport entre elles, mais me demeurent fort nettes) avait eu mission de conduire mes plus jeunes sœurs et moi à la promenade. Je me rappelle qu'au sortir du Luxembourg elle nous mena place Saint-Michel, au côté droit de la fontaine. Je désignerais, je crois, la maison.

— Attendez-moi là, je reviens aussitôt, nous dit-elle.

Nous fîmes à l'ombre d'un marronnier une station qui nous parut sans fin. À force de contempler l'archange, Satan, le rocher et la nappe d'eau jaillissante, voire les dragons qui crachent un jet si puissant, le spectacle ne nous intéressait plus. Notre indignation enfantine était au comble. « Eh quoi ! des enfants tels que nous (où la prétention va-t-elle se loger ?) abandonnés, tout seuls dans la rue, semblables à de petits bohémiens. » Et cette péronnelle assez osée pour nous laisser nous morfondre ! N'était-ce pas le monde renversé, la Révolution, la fin de tout l'ordre social ?

Car nous avions beau recevoir la plus simple des éducations, apprendre par des leçons quelquefois sévères à respecter les domestiques (« Un enfant qui n'a point reconnaissance pour les services des domestiques, qui ne leur parle pas poliment, gracieusement, n'est qu'un affreux petit parvenu », combien de fois l'ai-je entendue, cette juste admonestation !), nous n'en étions pas moins pénétrés de notre dignité. (Ah ! la vanité des marmousets !) Ce qu'était allée faire Hélène, nous ne nous en inquiétions pas. Et je pense, somme toute, que cela valait mieux.

Hélène, réapparue, fut accablée de nos reproches puérils. Rentrés rue Férou, nos aînés, sans nous laisser le temps de souffler, s'emparèrent de nous pour la répétition générale des vœux à notre père. Puis la séance commença : fleurs, présents, fables, compliments. Vint le dîner, où tous nous étions groupés autour de la grande table ornée de ses plus beaux atours. Hélas ! Maimaine, toute pâle, s'endormit ou s'évanouit (je ne sais plus si ce fut l'un ou l'autre) au cours du repas. « Qu'a donc Maimaine ? D'où lui vient cette fatigue ? » Nos langues se délièrent. La trop volage Hélène, que la marque de la petite vérole empêchait de rivaliser en beauté avec la capiteuse épouse de Ménélas, mais qui semble avoir hérité sa complexion amoureuse au point d'avoir abandonné sinon son royal mari dans son palais, au moins de petits enfants sur le trottoir, fut congédiée sans merci.

Chez nos parents, l'usage s'était conservé du service à la française. De beaux réchauds étaient disposés sur la table, et le maître d'hôtel y déposait les plats. Ils n'en étaient retirés qu'au moment d'être présentés.

Un 14 juillet, le milieu de table était occupé par un superbe lapin rôti. À peine assis sur mon haut siège d'enfant, je fus saisi d'un irrésistible rire. « Jeannot, pourquoi ris-tu ? me demanda mon père. » Silence, mais continuation du rire. « — Pourquoi ris-tu, mon petit Jeannot ? — Papa, je peux pas dire. — Dis-le quand même, mon chéri. — C'est pas joli. — Dis-le, Jeannot. — Il faut toujours obéir à ton père, déclara ma mère. » Alors, riant, mais confus, j'indiquai de l'index l'entrecuisse du lapin et déclarai entre deux hoquets de rire : « — Papa, le lapin, c'est par là qu'il fait pipi. — Mademoiselle, emmenez cet enfant. » Ainsi j'appris une fois de plus que la bonne société interdit l'expression franche de la pensée, et que la courtoisie ne fleurit que grâce à une certaine dissimulation. Ce soir-là aussi je pensai que les grandes personnes, fussent-elles mes parents (ils nous étaient pourtant semblables à des divinités augustes et favorables), comprenaient mal l'âme et l'esprit des tout-petits. Ce fut ma première leçon de diplomatie. Que ne m'a-t-elle mieux profité pour tout le reste de ma vie !

VII

REPOS ET JEUX

Le déjeuner de Racine. — De Charybde en Scylla ou de Racine à Corneille. — Le jardin de Mme Bompard. — Les sabots fleuris. — Le rôle des anges gardiens. — Symboles et réalités. — Le ballon et la sphère terrestre. — Le cadeau de du Couëdic. — La foire aux pains d'épices, les largesses de Thérèse et le coucher de la reine.

Si les petits n'étaient admis que rarement à la table familiale, ce n'est pas à dire que nous fussions relégués toujours, loin de nos parents, avec nos gouvernantes. Déjà qui m'aura lu s'en est rendu compte.

À midi, mon père, pris par ses fonctions, ne rentrait pas déjeuner. Mes sœurs étaient demi-pensionnaires au couvent, et mon frère à la rue de Madrid. Il n'était là que le dimanche et le mercredi. (En ce temps-là, les élèves des Jésuites avaient congé le mercredi pour éviter la pernicieuse rencontre de leurs camarades lycéens, libres le jeudi !) Il me souvient d'avoir parfois déjeuné le mercredi rue Férou avec ma mère et mon frère.

« — Qu'avez-vous fait, ce matin, au collège ? demanda un jour, au cours du repas, ma mère à mon frère.

— Le P. Vétillart, répondit-il, nous a donné une leçon sur Racine.

— Moi aussi, déclarai-je très fier, j'ai appris Racine ce matin. » (J'avais trois ans, quatre ans au plus.)

Renseignements pris, la stupeur cessa : Mlle Copinet m'avait fait épeler le mot racine : r, a, ra ; c, i, ci ; n, e, ne ; racine.

C'est ici une preuve nouvelle que les enfants ne laissent pas tomber les paroles ailées qui frappent leurs oreilles. Ce fut aussi mon premier contact avec le poète tragique qui devait, par la suite, avoir sur mon esprit si forte et pénétrante influence. Si bien qu'un jour on me l'enleva des mains, j'avais douze ans, parce que j'apprenais *Phèdre* par cœur. « À ton âge, me dit mon père, tu n'es pas en état de comprendre ; et le trop beau déforme le goût de ceux qui ne l'entendent pas. » J'ai su que toute pareille mésaventure était advenue à ma sœur Thérèse. Nos maîtres nous jugeaient d'ailleurs excessivement raciniens. Corneille nous était plutôt recommandé, jusqu'au jour où une institutrice trop prude — elle s'appelait Mlle Rome — signala à mes parents que j'avais déclamé les stances du *Cid* d'un ton enflammé ; ce qui donnait des inquiétudes à cette sainte fille.

Tout un côté de notre appartement donnait sur un jardin dont jouissaient les locataires du rez-de-chaussée, une dame veuve et ses fils, Mme Bompard, mère du futur ambassadeur. Elle se montrait toujours vêtue de noir, avec des robes et corsages à guipures, et coiffée d'un chapeau de dentelle noire surmonté de raisins noirs qui tentaient fort ma gourmandise. J'aurais voulu les cueillir.

Ce jardin, j'y ai passé une grande partie de mes jours. Nous allions beaucoup au Luxembourg ; mais notre bande fréquentait encore plus *le jardin*, comme nous disions. Maimaine et moi surtout nous restions de longues heures à l'ombre de ses taillis, sous la garde de Mathilde, notre bonne, tandis que Mlle Copinet corrigeait les travaux des grandes.

Si Maimaine n'était pas de la partie, le jardin me semblait tout triste ; et j'aurais bien voulu m'en enfuir. Je rageais ferme quand, tout seul, j'étais conduit chez Mme Bompard, avec la perspective de jouer seul dans les allées qui entouraient la pelouse. Me gâtait-elle pourtant, la chère Mme Bompard ! Un jour j'avais admiré dans la chambre maternelle un sabot de porcelaine, à haut talon, tout débordant de fleurs. « — Oh ! maman, le joli sabot ! — C'est mon bon ange qui me l'a donné, parce que j'ai été bien sage », répliqua ma mère. (J'avais dû commettre quelque sottise et j'apprenais ainsi que les modèles de sagesse recevaient d'aimables et célestes présents.) Or, dans le salon de Mme Bompard, j'aperçus même sabot et semblables fleurs. « — Tiens, déclarai-je péremptoire, toi aussi tu as été sage, et ton bon ange t'a donné ce sabot. — Je t'ai déjà dit, mon amour, que les petits enfants ne disent pas tu aux grandes personnes. Tu dois me dire vous comme à ta maman... — Toi, tu n'es pas ma maman, et à toi je dis tu parce que je t'aime bien et que c'est comme ça. Et je t'aime bien et je suis content que ton bon ange t'ait donné un sabot. — Que veux-tu dire, mon petit ? — Le bon ange de maman lui a apporté un sabot avec des fleurs parce qu'elle a été sage. Tu as le même sabot, donc c'est ton bon ange qui te l'a donné parce que tu n'as pas fait de sottises. — Comment, le bon ange ? C'est moi qui ai envoyé le sabot à ta maman. — Menteuse, vilaine menteuse. Maman me l'a dit que c'était le bon ange. Menteuse, tu vas voir, le bon ange va venir te le reprendre, ton sabot. »

J'étais indigné ; je devais être tout rouge, et mon petit poing s'élevait menaçant. Et le rire de la bonne Mme Bompard me vexait encore plus. « Tiens, tu es un amour quand même », déclara-t-elle en se penchant. Elle m'enleva et voulut m'embrasser. Je me débattais. Ne fallait-il pas qu'elle fût menteuse pour contredire ma mère ? Or, comme le temps était à l'orage, la fenêtre battit tout à coup ; un éclair ; le fracas du tonnerre : un guéridon chavira, le sabot fleuri tomba et se brisa. Pendant qu'une servante ramassait les morceaux et étanchait l'eau, l'excellente dame m'embrassait pour calmer ma frayeur : « — Les mamans ont toujours raison, mon chéri. L'ange a cassé le vase, il a bien fait. Je l'ai mérité pour avoir dit le contraire de ta maman. Les mamans ont toujours raison, Jeannot. Rappelle-toi ça toute ta vie. Mais ne m'appelle plus menteuse, mon chou, ce n'est pas beau. — Écoute, je dirai à maman qu'elle prie son bon ange de te rapporter un autre sabot. Tu es gentille, mais tu mens. Maman est *plus bonne*, que toi. Son bon ange est *plus bon* que le tien. Il t'apportera un sabot et des fleurs. »

L'ange est-il venu ? je ne sais. Mais je n'ai jamais oublié la leçon ; et toute ma vie j'ai cru ce que me disait ma mère. Beaucoup de doutes sont venus dans mon esprit à mesure que fuyaient les années toujours moins enchantées. Les jours ont fait tomber avec eux beaucoup de certitudes auxquelles m'attachait mon enfance. Je crois pourtant à tout ce que m'apprit ma mère, à tout ce qu'elle m'enseigna quand j'étais sur ses genoux, et plus tard au cours de mon adolescence, puis quand je fus un homme. Je n'y crois plus, sans doute, de la même façon, avec la même candeur. J'ai compris qu'il y avait parfois un sens caché sous l'écorce des formules, une moelle substantielle qu'il fallait atteindre à travers l'enveloppe qui me rendait tangibles les doctrines et les disciplines nécessaires. Je n'ai rien oublié, je n'ai rien discuté des enseignements maternels. Ce m'est une paix de pouvoir me l'affirmer. Seulement quelquefois je regrette de ne plus sentir la vérité avec la naïveté du petit enfant pour qui symboles et réalités ne font qu'un. L'enfant qui aime à manger les beaux fruits avec leurs peaux vernissées et leurs pulpes aux couleurs chaudes les goûte mieux que *le grand* qui les dépouille avec son habile couteau d'argent et les pique de sa fourchette experte. Que la bonne Mme Bompard soit bénie et récompensée pour s'être accusée d'avoir un jour démenti ma mère, pour m'avoir laissé rêver au cadeau de l'ange, et m'avoir appris qu'il fallait toujours croire à tout ce que disait la bouche maternelle.

Il advint que Maimaine et moi nous crevâmes un jour le ballon dont s'amusaient nos ébats. C'est une grande peine pour des enfants qui pensent qu'un pareil malheur est irréparable. Nos jouets nous étaient précieux, parce qu'il ne nous en était donné qu'avec une sage économie, et dans de telles occasions que la valeur en était accrue. Où donc trouverions-nous maintenant un ballon pour animer nos jeux ? L'ingénieuse Maimaine eut une idée qui démontre la profondeur de son imagination : « N'as-tu pas entendu, me dit-elle, Mademoiselle dire aux grandes, dans la leçon, que la Terre était ronde comme une boule ? Alors, vois-tu, il n'y a qu'à creuser pour trouver la boule du monde. » Évidemment, cette Terre dont parlait Mademoiselle était quelque chose de mystérieux, de caché. Le sol sur lequel nous marchions, c'était de la terre, mais non pas la Terre. Le moyen d'imaginer que ce que nous voyions, ces jardins, ces rues, ces places, ou les champs et les vignes et la campagne étaient ronds comme une boule ? Si on nous l'avait affirmé, nous eussions pensé que les grands étaient fous (ce qui ne nous eût guère étonnés), ou qu'ils voulaient se moquer de nous (ce qui nous aurait encore bien moins surpris).

Nous voilà donc tous deux creusant en conscience le sol, pour découvrir sous cette écorce la boule de la Terre. L'heure de rentrer nous surprit comme nos efforts n'avaient point abouti. Je pense que notre trou était moins profond que ceux dont l'auteur responsable était Milord, le grand chien blanc et noir de Mme Bompard, Milord qui aimait tant être le troisième dans nos divertissements, et que j'appelais « Ami », tant il nous chérissait, tant je l'aimais. Nous ne fûmes pas grondés pour le puits commencé avec ardeur. Mais nous ne poussâmes pas plus loin nos recherches ce jour-là et les jours suivants. La bonne du Couëdic nous acheta un nouveau ballon sur ses économies, bien maigres, je suppose. Elle nous recommanda de n'en rien dire à personne, pas même aux grands.

Les humbles ont de ces gestes charmants, et rien ne leur est une aussi grande joie que de pouvoir donner. Quand nous sortions, Maimaine et moi, elle nous disait : « Surtout, mes chéris, n'oubliez pas d'emporter *votre* beau ballon. » Et, sous les ruches de son bonnet, les rides de sa face mince se déplissaient. Les yeux riaient d'un si bon rire qu'une lumière passait sur son vieux visage, semblable, disions-nous, à une pomme reinette.

Un jour les grands avaient été conduits à la foire aux pains d'épices. Guiguite, Maimaine et moi étions sagement demeurés sous la gouverne de notre bonne Mathilde dans les quinconces du Luxembourg. Le soir, ma sœur Thérèse, la plus jeune des grandes, revint avec une cargaison d'objets hétéroclites : des vases, une minuscule poupée, des boîtes, des fleurs, des petites assiettes, voire une statuette de la Sainte Vierge (car l'esprit laïque n'avait point alors vaincu *l'obscurantisme*, et les joueurs risquaient encore de gagner quelque objet de piété aux jeux de hasard dans les fêtes foraines). Henriette, Alexandre, Valérie avaient perdu tout leur avoir : la roue de la fortune les avait boudés pour mieux sourire à Thérèse. Heureusement Thérèse était généreuse jusqu'à la prodigalité. À peine rentrée à la maison, elle étale les richesses sur la table de travail, dans la chambre aux quatre lits, la chambre des grandes et de Guiguite. (L'autre chambre était pour Maimaine et moi.) Tous nos yeux s'émerveillent jusqu'à la concupiscence devant ces splendeurs. Thérèse rayonne de son triomphe. Puis, comme une reine bienfaisante (nous l'appelions la Princesse), elle distribue ses dons à frères et sœurs, aux grands comme aux petits. Nous étions subjugués par cette hauteur d'âme. Vint le moment où le dernier présent fut octroyé. Thérèse jouissait de son effet. Notre gratitude était émue. Nous comptions nos nouveaux trésors et nous les donnions à admirer. Mais ici-bas il ne saurait y avoir d'équitable répartition : Germaine possédait maintenant une assiette à poupée de plus que moi : « Tété, donne-m'en encore une », suppliai-je. La pauvre Thérèse, qui s'était dépouillée, connut à cette demande la mesure de son dénuement. « Je n'ai plus rien. Je n'ai plus rien », gémissait-elle. « J'ai tout donné, voici que je suis la seule à ne plus posséder quoi que ce soit. Ça, c'est trop injuste ; et, pour comble, ils ne sont pas contents et veulent la part du voisin. » Et comme la Rachel biblique qui avait perdu ses enfants, elle éclata en sanglots et pleura sur sa richesse envolée, sans vouloir être consolée.

Mon frère Alexandre avait eu en partage la poupée, présage des triomphes féminins que sa beauté virile devait lui valoir par la suite. Il voulut calmer les sanglots de Thérèse et proposa de procéder au coucher de la poupée, déclarée reine. À la droite de la cheminée s'ouvrait un placard à plusieurs rayons. Un de ces rayons devint la chambre de la souveraine. Un petit lit fut vite disposé, garni, orné par les soins de nos deux aînées, Yéyette et Lili. Mon frère procéda, selon les rits de la cour, au déshabillé de la reine. L'honneur de lui passer la chemise revint à Yette.

Lili tenait le bougeoir qui était en l'occurrence un bout de chandelle. On a beau connaître l'étiquette et les usages, il n'est pas toujours possible de rivaliser pleinement avec Versailles, Marly ou les Tuileries. Nous formions le cercle attentif et respectueux. Thérèse, très férue de ces prérogatives (n'avait-elle pas tout donné, y compris la poupée sacrée reine et maintenant environnée de tant d'hommages ?), réclama ses droits et voulut mettre la souveraine au lit. Mais Sansandre entendait être le seul à porter la main sur la reine. Ce fut une belle bataille, de beaux cris, un beau scandale. « Je veux la coucher », criait Thérèse. « Taistoi, Tété, répliquait Sansandre. La reine ne veut que moi. » Coups, cris, égratignures, larmes. « Alexandre, donnez la poupée à Thérèse », ordonna Mademoiselle, qui tranchait le débat d'autorité, comme une Grande-Maîtresse du palais. « Tété, laisse-moi ou tu vas voir ! », clamait Sansandre. « Alexandre, donnez la poupée à Thérèse, ou je le dirai à madame la Vicomtesse. » Thérèse, triomphante, s'agrippa au bras de Sansandre qui, exaspéré, brandit par une jambe l'infortunée reine et la jeta dans un coin de la chambre. Elle se fracassa la tête. Thérèse courut panser les plaies de la reine déchue. Le lit était vide, la bougie éteinte, le cercle dispersé, et nous, les petits, nous demeurions pantois, et nous méditions dans nos cervelles naissantes sur la fragilité des grandeurs humaines, les inconvénients de la générosité sans limite, la tyrannie des grands, la course fatale aux honneurs, l'écroulement des fortunes. Nous entendions déjà que l'oubli de soi pour les autres aboutit à se faire chanter pouille tout uniment. J'eus depuis, trop souvent, l'occasion de réfléchir sur les fâcheux effets des brigues et les tristes suites des vicissitudes du monde. Je connus aussi, ce jour-là, que de trop donner ne créait que peu de droits à la reconnaissance ; que le bienfaiteur n'y gagnait souvent que de l'amertume ; que les jeux de princes et de reines étaient dangereux, et d'abord pour eux-mêmes, car rien n'est moins sûr qu'un courtisan, fût-il empressé, et qu'il était malaisé de deviner comment s'enchaînaient les passions aussi bien dans les cours royales que dans les républiques démocratiques. Sept enfants courtisans d'une poupée, reine débonnaire s'il en fut, m'ont donné les premières clartés sur ces grands mystères. Comme les enfants sont déjà hommes... ou femmes ! Et comme les hommes demeurent enfants ! C'est peut-être seulement pour ceux qui retombent en enfance qu'arrive l'âge de raison où ils prennent enfin conscience de la suprême vanité des choses et du néant des désirs.

VIII

LA MORT DE MA GRAND'MÈRE

Le récit de notre institutrice. — Un confesseur sulpicien. — Jansénisme et sans-gênisme. — Le viatique. — Dernière exhortation de ma grand'mère. — Sa bénédiction. — Les souvenirs de M. Guillemont. — Ce qu'est un saint. — Le cœur d'or.

Mlle Copinet allait bientôt nous quitter pour servir les intérêts de sa famille. Le dernier souvenir que je garde de cette excellente fille, c'est le récit qu'elle fit, plusieurs fois, à Maimaine et à moi, du dernier jour vécu par notre grand'mère. Ma mère me portait alors dans son sein. Ma grand'mère malade avait quitté son appartement pour venir auprès de mon père, son fils bien-aimé. (Ma mère lui avait donné sa chambre, celle où je devais naître quelques mois plus tard.) Un sulpicien que je connus quand j'avais seize ans, M. Guillemont, très saint homme, mais d'esprit étroit, était le confesseur de ma grand'mère, fervente tertiaire dominicaine. Je crois que le libéralisme républicain du P. Lacordaire, la disgrâce de Mgr Amanton, ancien vicaire apostolique de Mossoul, retiré au couvent Saint-Jean de Beauvais, l'influence des Dominicains lyonnais que ma famille tenait pour les seuls orthodoxes, avaient éloigné quelque peu les miens des Frères prêcheurs parisiens.

Ma grand'mère avait reçu les sacrements avec une piété profonde. Il n'y avait dans notre famille nulle trace de jansénisme. Mais mon père répétait souvent une maxime de sa mère : « Sous prétexte de fuir le jansénisme, gardons-nous du *sans-gênisme*. »

Alors les malades fervents ne connaissaient d'autres communions reçues au lit que la communion pascale et le Viatique. Il eût semblé irrévérencieux de se faire apporter plus souvent le Saint-Sacrement à domicile. Le Viatique était un événement pour toute la maisonnée. La demeure recevait une décoration de fête. Quelques membres de la famille, les plus qualifiés, se rendaient à la paroisse pour accompagner le prêtre de l'église à la maison. Tous, sauf la garde-malade, maîtres et serviteurs en livrée, attendaient le Saint-Sacrement au bas de l'escalier et lui faisaient une escorte d'honneur. J'ai vu moi-même pratiquer ces rits, auxquels se conformaient selon leurs états grands et moyens, pauvres et riches.

« Quand votre grand'mère, nous disait Mlle Copinet, apprit de son confesseur sa fin imminente, elle commanda à tous ceux de la maison de se grouper autour de son lit. Il y avait là vos parents, M. le comte de Mayol de Lupé et la comtesse (notre oncle Octave et notre tante Valérie), M. le baron d'Allemagne (le mari de feu ma tante Marie), les enfants, moi, tous les domestiques. Votre grand'mère nous dit : "M. l'abbé Guillemont m'annonce que, sans doute, je ne vivrai pas jusqu'à demain. Il paraît que j'ai failli mourir cette nuit. Je vais donc vous quitter. Je remercie mes enfants, et surtout mon fils Henri, de tous leurs soins et de leur respect filial. Je demande pardon à tous ceux que j'ai peinés ou contristés, spécialement à nos serviteurs qui, pour moi, ont toujours été regardés comme de la famille. Je vous prie de me pardonner mes mauvais exemples si j'en ai donné. Je vous demande à tous d'être bons chrétiens, bons Français, fidèles à Dieu, au Roi et à notre Patrie. Je remercie ma belle-fille Élisabeth d'être si bonne Française, encore qu'elle soit née étrangère à notre pays. À tous je lègue le meilleur de mon cœur. J'ai préparé de petits cadeaux pour nos serviteurs. Je tiens à les leur remettre moi-même. La bénédiction d'une mourante doit porter bonheur. Je prie M. Guillemont de me bénir d'abord, pour que je puisse ensuite vous transmettre à tous, enfants, petits-enfants et serviteurs, cette suprême bénédiction."

LA MORT DE MA GRAND'MÈRE

« Alors le prêtre a béni votre grand'mère. Puis, d'elle-même, elle se souleva et s'assit dans son lit. Ses longs cheveux noirs étaient dénoués et coulaient sur ses épaules. Elle leva les mains au ciel, et elle nous bénit comme un prêtre à l'autel. Puis, à tous, elle nous imposa les mains. "Adieu, nous a-t-elle dit, nous nous reverrons dans le Paradis." Elle nous bénit en latin ; car votre grand'mère, mes petits, parlait le latin et l'écrivait mieux qu'un évêque. Elle traça dans l'air un grand signe de croix : *Benedicat vos omnipotens Deus, Pater et Filius et Spiritus Sanctus*. Nous avons répondu *Amen* ; tous pleuraient. Tous, nous sommes venus baiser ses mains qu'elle tenait jointes. Elle était à nouveau étendue, ses beaux cheveux épars sur l'oreiller. Je ne l'ai plus revue avant sa mort, où seuls ont assisté Monsieur le Vicomte, Madame la Vicomtesse et l'abbé Guillemont. Mes petits, je croyais qu'on ne mourait comme cela que dans les livres. »

Plus tard, quand j'eus seize ans, le vénérable abbé Guillemont m'a de nouveau conté cette scène. Chaque fois qu'il me la redisait dans sa chambre de la *Solitude* à Issy, ses yeux se mouillaient de larmes. Ai-je emprunté des traits aux récits de l'excellent sulpicien pour préciser les souvenirs que m'ont laissés les paroles de Mlle Copinet ? Je ne sais. Les réminiscences, comme il arrive, se superposent. Mais je vois encore la figure si bonne de l'institutrice, j'entends le tremblement de sa voix, et ces mots vibrent encore à mes oreilles : « — Ma petite Germaine, mon petit Jean, souvenez-vous bien : votre grand'mère était une sainte. — Mademoiselle, c'est quoi, une sainte ? — Mes petits, les saints ce sont ceux qui ont le cœur aussi beau et aussi bon que le cœur du bon Dieu. » Un jour, j'entendis ma mère affirmer que l'abbé de Lanterie avait un cœur d'or. J'ai longtemps cru que Dieu avait un cœur d'or. Et je pensais que ses élus en avaient un semblable. J'aurais bien voulu être certain que moi aussi j'avais un cœur d'or, mais je ne savais comment je pourrais m'en assurer.

IX

PREMIÈRE ÉCOLE, PREMIÈRES LEÇONS, PREMIÈRES VOCATIONS

Mlle Poupon et Mme Cazotte. — Le panier du goûter. — Premiers essais de lecture. — Éléonore et inodore. — L'orgueil scientifique. — Les mariages du Luxembourg. — Fleurs et reines. — Le bateau sur le bassin. — Vocations d'amiral ou de pape, de petit télégraphiste ou de garde municipal. — Galopins et gardes républicains. — Opinions religieuses et politiques. — Le Pape, le Roi et nos saints. — La rose à la fleur d'oranger et les bonbons des carmélites. — Le Carmel de Lili.

J'avais quatre ans quand mon père nous envoya Maimaine et moi à l'école. Pourquoi ne trouvait-on plus suffisantes les leçons de Mlle Copinet ? Était-elle déjà partie et non encore remplacée ? Pourquoi Maimaine n'alla-t-elle pas dès lors, comme ses aînées, chez les religieuses oblates ? Je pense que mon père voulait pour moi la fréquentation quotidienne d'autres enfants. Et ma mère, préférant que je ne fusse pas seul dans une école enfantine, aurait trouvé plus expédient de m'y donner la compagnie de Maimaine. Il avait été d'abord question d'une institution de notre voisinage que dirigeait une certaine Mlle Poupon, un nom prédestiné pour la *chéfesse* d'une *bambinière*. L'école de Mlle Poupon fut jugée, après visite des locaux, trop sombre et trop triste pour nos boucles ardentes et nos teints de lis et de rose. Une école près de la place Médicis fut élue. Elle était présidée par Mme Cazotte et sa fille. Mon Dieu, comment ces noms sont-ils restés gravés dans ma mémoire ? Notre bonne nous conduisait deux fois par jour à nos nouvelles maîtresses. Il fallait traverser tout le Luxembourg. Nous goûtions chez Mme Cazotte ; un petit panier, que portait notre bonne, renfermait la collation de Maimaine et de moi. Mlle Copinet m'avait montré les lettres. Mlle Cazotte m'enseigna à lire, ce que je ne fis pas du premier coup sans hésitation.

Il m'est demeuré de mon ignorance un souvenir de confusion. Le comte Georges de Beaurepaire avait une femme de charge qui répondait au nom romantique et *moyenâgeux* d'Éléonore. Un dimanche, comme je sortais avec ma mère et mon grand frère de la messe à Saint-Sulpice, je montrai triomphalement certain chalet et je dis à ma mère : « — Maman, cette petite maison, c'est à l'Éléonore de M. de Beaurepaire. — Que veux-tu dire, petit ? questionna ma mère. — Maman, il y a écrit dessus : Éléonore. » C'est ainsi qu'à cet âge tendre je lisais : *Inodore*. Quand je passe place Saint-Sulpice, je songe à ma subite rougeur devant le fou rire de ma mère et de mon frère. J'étais si fier de pouvoir faire admirer mes connaissances en lecture ! Au cours de ma vie, j'ai cru acquérir beaucoup de notions sur toutes choses, et j'ai prétendu à la science. Souvent je me suis imaginé avoir résolu de difficiles problèmes et réussi de lumineuses démonstrations. Plût au ciel que jamais ma science n'eût connu de plus amères déceptions que celle dont j'eus honte le dimanche où je provoquai le rire de ma maman et de mon grand frère ! Du moins la leçon me fut profitable. J'ai toujours cherché depuis à me montrer, si docteur il fallait être, tout au moins docteur modeste. Pour me préserver de l'orgueil scientifique, le plus sot, le plus insupportable de tous, il me suffit de songer à la place Saint-Sulpice.

Mme et Mlle Cazotte conduisaient l'après-midi, quand le temps était beau, tous leurs bambins au Luxembourg. Nous y jouions éperdument. C'est là que je m'évertuai à devenir grand as des billes. Nos maîtresses donnaient du courage aux petits garçons timides : chacun d'eux était invité à se choisir une compagne, et notre grand bonheur était d'organiser des cortèges de mariage qui défilaient avec entrain derrière les mariés, autour des rotondes-abris de ces beaux jardins. J'acquis dans ce parc charmant mes premières connaissances sur la botanique florale dont les parterres offrent les plus délicieux bouquets, et sur l'histoire de France que m'enseignaient les statues des reines sous les nobles quinconces. Je ne comprenais pas bien pourquoi sainte Geneviève et Clémence Isaure n'avaient partagé le trône d'aucun roi. J'appris que la sainteté et la poésie marquaient leurs élues d'un diadème et leur permettaient de figurer parmi les souveraines. Le grand bassin où j'eus la joie nonpareille de diriger avec Maimaine un fin voilier m'apporta mes premiers plaisirs nautiques. Je sentis en moi une vocation d'amiral. Elle n'était combattue que par une naissante ambition qui m'inclinait à devenir pape comme Pie IX alors régnant. Notre père l'avait servi à Mentana, nous entendions souvent son nom mêlé à celui d'Henri V. Chaque jour, ils étaient tous deux nommés à notre prière du soir. Je me connaissais encore au cœur deux autres vocations. Je n'osais, celles-là, les avouer à personne. Elles m'attiraient fortement, mais un secret instinct m'avertissait que peut-être manquaient-elles d'un indispensable caractère aristocratique. Malgré tout, la carrière de petit télégraphiste était tentante. Les gardes superbes que je rencontrais, casqués, montés sur de fiers destriers, et qui s'en allaient par la ville, beaux comme des chevaliers, tirer les sonnettes, puis, sans descendre de leurs montures, remettre un pli solennel aux concierges me semblaient, eux aussi, bien enviables. Un jour, mon cœur ne put tenir son secret et je confiai mes ambitions d'avenir à Lili. J'eus une grande désillusion à l'entendre me dire que l'état de petit télégraphiste était pour les galopins (ce mot de galopin me parut effroyable), et que les beaux chevaliers étaient des gardes républicains. Ce dernier adjectif détruisit dans leur fleur mes ambitions : être qualifié républicain, c'était pour nous la honte suprême. « Un peu moins ravalant qu'orléaniste, me dit Lili, mais ça ne vaut pas mieux que diabolique. » Ravalant ! Ce mot indiquait le comble du méprisable. De ce jour je décidai que je serais amiral ou pape. Yéyette, mise au courant de mes desseins, me conseilla d'être amiral. Mon bateau m'en devint plus cher.

Les opinions religieuses et politiques, à cette époque toute voisine encore des débats entre gallicans et ultramontains, entre royalistes, orléanistes et républicains, étaient si profondes et si aiguës que nos enfances s'en ressentaient. J'étais très frappé par quatre images encadrées qui décoraient le bureau de notre père, où ma mère lui tenait souvent compagnie et où j'étais parfois conduit : Pie IX et Henri V s'y faisaient pendant dans deux superbes gravures que je conserve précieusement. Les deux saints dont s'honoraient nos familles paternelle et maternelle les surmontaient. Ces quatre figures me représentaient les génies protecteurs de la maison et lui donnaient un caractère sacré. Je les honorais comme je faisais de la jolie toile qui éclairait la chambre de ma mère, celle où une Vierge porte un Enfant Jésus aux cheveux d'un roux doré. Plus tard notre mère nous contait qu'elle demandait un enfant semblable à ce divin poupon, alors qu'elle attendait la venue de notre sœur Lili. Lili naquit toute semblable à ce petit Jésus.

Un jour ma mère m'étendit pour mon sommeil d'après-midi sur la chaise longue qui meublait, tout près de la fenêtre, le bureau paternel. Quand je me réveillai, je trouvai sur ma poitrine une belle rose en sucre à la fleur d'oranger. Ma mère avait près d'elle toute une boîte de ces bonbons, envoi du Carmel de Beaune. Des colombes se mêlaient à des fleurs, à des tricornes ecclésiastiques, à des cœurs, à des couronnes. Une de nos arrière-grand'tantes avait vécu dans ce monastère, sous Louis XIII, une vie merveilleuse. Cette parenté nous valait de tels présents, sucrés et parfumés. Cette rose sur mon cœur ravit mon regard à mon réveil : « — Oh ! maman, comme la rose sent bon ! C'est une rose du paradis. Se fanera-t-elle ? — Les roses du paradis ne se fanent pas, Jeannot. » Hélas ! la rose tomba et se brisa avant la fin du jour. Je la mangeai avec Germaine, et je me consolai, tant la rose était douce au goûter, parfumée d'une odeur délicieuse. Ces bonbons carmélitains me semblaient un prodige. C'est à eux que je dois, sans doute, d'avoir toujours associé dans mon esprit les cloîtres du Carmel à l'idée d'un parterre embaumé. Jamais je n'ai parcouru les bois d'oranger qui font de notre Calabre maternelle, au temps de la floraison, un encensoir vert, sans songer aux monastères où se consument, cassolettes ardentes et odorantes, des âmes virginales.

À La Badessa, près Lecce et Squinzano, nos cousins Caracciolo Forino possèdent un domaine virgilien. Une tour baignée par les flots bleus de l'Adriatique guette l'arrivée des galères pirates. Là, j'aime à rêver dans l'enclos qui contient un jardin des Hespérides. Les pommes d'or s'y mélangent aux fleurs dont l'épanouissement se prolonge jusqu'aux mois mêmes où mûrissent les fruits vermeils. En cette agreste solitude, les arbres exhalent leurs senteurs vers le ciel. Les heures ont passé là pour moi claires et heureuses, comme elles coulèrent jadis pour le vieillard de la voisine Tarente en sa calme *tenuta*. Quels lumineux moments j'y ai vécus ! J'y croyais être près de la sœur aimée qui malgré les rudes grilles de son Carmel nantais, si candide, si pur, si calme, — ou grâce à elles — me garde un cœur fraternel et si proche du mien ! Car en Dieu s'abolissent les distances et les temps.

C'est qu'un jour, quand j'avais douze ans, Lili, celle qui ressemblait au petit Jésus, nous quitta pour voiler le resplendissement de ses vingt ans derrière les murs de ce couvent. Je compris que les roses miellées de Beaune et les colombes de sucre étaient d'humbles et touchants symboles où les nonnes bourguignonnes exprimaient naïvement la suave blancheur de leurs âmes, encensoirs mystiques d'où s'élèvent des parfums que le monde n'est pas digne de connaître, mais qui ravissent jusqu'aux incrédules, et dont les païens eux-mêmes se laissent enivrer.

X

RELIQUES FAUSSES ET VÉRITABLES

Frohsdorf. — La mort de Pie IX. — Chapelets, médailles, et la paille du Pape. — Multiplication pseudo-miraculeuse. — Le tapis de la reine. — Le jeu du partage. — La vente du tapis. — L'histoire de Joseph. — Mme Putiphar et son petit chien. — Réflexion du marquis Costa. — L'horloge des Parques. — Ma mère et l'amour de la vie. — La prière du réveil. — Béatrice Cenci. — Rosa de Tivoli et le pâtre Viala. — Le Louis XIV et le duc de Bourgogne. — Fiot et le saint Joseph de Zurbarán. — Mon grand-père et Bolivar ; fourneau ou bonnet à poil.

Une année, notre père et notre mère allèrent à Frohsdorf, voir Henri V. Mes quatre ans en éprouvèrent une immense fierté. C'est alors que mourut Pie IX ; mon père fut à Rome et eut audience du nouveau pape, Léon XIII, au lendemain de son élection, faveur rare et insigne. Quand il revint, il rapportait pour nous tous une bénédiction du dernier pape, et une autre du nouveau Souverain Pontife. Nos parents prenaient de ce fait, en nos esprits, un caractère vraiment surnaturel. Rome, Frohsdorf nous semblaient des lieux si sublimes qu'ils en étaient comme irréels, supraterrestres.

Mon père nous combla de souvenirs romains, chapelets et médailles bénits. Il donna à mes grandes sœurs de la paille qui provenait de l'humble couche sur laquelle Pie IX était mort.

Mes sœurs, fières de semblables reliques, en portèrent à leur couvent de la rue de Vaugirard. Elles en donnèrent aux religieuses et à leurs compagnes préférées. Mais les autres en réclamèrent ; il n'était point d'élève qui ne voulût avoir d'une relique aussi auguste. Bientôt la paille romaine et authentique fut épuisée. Mes sœurs se trouvèrent fort dépourvues. Mais comment résister aux demandes dont la piété de leurs condisciples les assaillait ? Elles n'hésitèrent point à renouveler la provision grâce à la paille de l'écurie. La distribution des reliques devint plus abondante que jamais. Cette profusion les perdit : les religieuses oblates s'inquiétèrent d'un trésor aussi abondant. Une enquête découvrit la supercherie. Ce fut un beau scandale, et si les religieuses furent indulgentes, à la maison les remontrances et la punition furent exemplaires.

Il est grand dommage que la même sévérité ne se soit pas toujours exercée pour assurer l'authenticité des reliques et punir les faussaires. La congrégation des oblates donna ce jour-là une salutaire leçon. Cette histoire de la paille sainte multipliée m'a toujours laissé en position désagréable devant les reliques historiquement non prouvées. C'est ainsi que les abus sapent les fondements des croyances chez les âmes faibles.

Comme reliques, il en était plusieurs qui furent chères à notre enfance. C'était d'abord un vaste tapis de La Savonnerie aux amples armes royales. L'écusson fleurdelysé apparaissait au centre, figuré en forme de boule, surmonté de la couronne royale et entouré des deux colliers : celui de saint Michel et celui du Saint-Esprit. Aux angles des cornes d'abondance laissaient s'échapper des fruits et des fleurs. Le tapis couvrait le parquet du grand salon. Le bleu profond de son champ, les couleurs vives des bouquets nous enchantaient. Détail assez rare : deux grandes ailes blanches sortaient des flancs de l'écusson et semblaient l'emporter dans un vol triomphant. Ces ailes nous donnaient à rêver. Nous les appelions les ailes du Saint-Esprit, je ne sais pourquoi. Depuis je me suis persuadé qu'elles étaient là par allusion aux deux anges qui sont les supports héraldiques de nos armes royales. Elles embellissaient dans notre imagination le beau tapis d'un aspect céleste. Quand nous étions admis dans ce salon, notre jeu préféré était de choisir pour chacun de nous un canton du tapis. Ce canton devenait notre fief, et chacun soutenait la prééminence de celui qu'il croyait posséder sur tous les autres. Nous comparions la beauté des motifs, la fraîcheur des fruits et des fleurs. L'écusson royal demeurait la part sacrée à laquelle nul n'avait droit. Mais le quartier qui lui échéait était toujours pour chacun de nous le plus splendide, il en exaltait les grâces, aussi fier de son domaine qu'un duc de Bretagne, un duc de Normandie, un comte de Champagne ou de Poitiers, de son apanage. Le tapis provenait de Fontainebleau, où il avait décoré l'appartement de la reine Marie-Antoinette. Il était venu, je ne sais par quelles vicissitudes, dans notre famille : c'était le palladium de notre demeure. J'en connais tous les dessins, et je pourrais le décrire dans ses moindres détails. Hélas ! les tribulations par lesquelles devait passer notre maison obligèrent un jour nos parents (nous occupions alors un vieil hôtel de la rue Saint-Guillaume) à le vendre par l'entremise de notre tapissier Mazarod-Riballier. Ce fut, paraît-il, un baron de Rothschild qui l'acheta, pour un prix dérisoire : trois mille francs ! Nous tous, les enfants, sentîmes dans nos cœurs un grand déchirement. Je ne suis pas encore consolé de cette perte. Le départ du tapis royal fut, je crois bien, la plus sensible douleur de mon enfance. Un jour, après cette triste vente, un de nos parents bourguignons vint nous voir à Paris et demanda à notre père : « — Mais où donc as-tu mis, Henri, le tapis de la Reine ? — J'ai dû le vendre, mon pauvre Paul, dit mon père d'un ton qu'il voulait dégagé. — Tu as vendu le tapis ! » s'exclama le parent. Et un lourd nuage passa sur nous. Je sentis alors combien ma peine était juste. Il est tels sacrifices qui sont des désastres pour les âmes des enfants. Les petits ont de secrètes intuitions qui leur font entendre, mieux qu'aux grands, la valeur spirituelle des lieux et des objets parmi lesquels ils vivent.

Il était une autre tapisserie qui parlait beaucoup à ma fantaisie : c'était une longue bande encadrée de velours vert bouteille. Dans une suite de tableaux, elle représentait au vif l'histoire de Joseph, fils de Jacob. Elle avait entouré, dans le vieux château forézien dont nous étions originaires, le dais du lit où dormait mon arrière-grand-père (celui qui fut emprisonné à la prison de Roanne, à Lyon, sous la Révolution, et dont le fils fut exécuté, dans la malheureuse cité devenue Commune-Affranchie). On y voyait le songe des gerbes fraternelles qui s'inclinent devant la gerbe de Joseph ; le songe du soleil, de la lune et des douze étoiles qui adorent Joseph ; Joseph descendu dans la citerne ; Joseph vendu par ses frères ; Joseph chez Putiphar ; Joseph et les visions qu'il rêve en Égypte ; celle du panetier et de l'échanson, celle des vaches grasses et des vaches maigres ; Joseph qui gouverne la maison du Pharaon et qui, assis sur un trône, régit la terre de Misraïm. Les personnages me semblaient vivre, et je ne saurais dire tout ce qu'ils m'ont conté pendant les heures passées à les contempler. J'aimais surtout la scène de Mme Putiphar et de l'enfant hébreu. Mme Putiphar sort d'un lit à baldaquin en forme de tente aux larges raies rouges et jaunes (je ne puis voir le parasol d'une basilique sans me représenter ce baldaquin). L'épouse de l'eunuque *pharaonesque* est assise sur son lit, échevelée ; sa jambe droite est déjà hors des couvertures ; elle tient le manteau de Joseph, que celui-ci, dans le geste de courir, lui arrache des mains. Un roquet tout blanc aboie, à gueule que veux-tu, contre le Juif. J'ai entendu de ma mère qu'un jour le marquis Costa, considérant cette tapisserie, s'était exclamé : « Eh quoi ! déjà au temps des Pharaons, ces filles élevaient des petits chiens ! »

La grande pendule du salon (elle aussi provenait de notre Forez) m'a donné ma première leçon de philosophie. C'était une ample machine Louis XIV qui servait de piédestal à une Pallas assise, au casque empanaché, à la lance et au bouclier où s'inscrivait une tête de Méduse.

Au bas de la pendule, au-dessous du cadran, trois dames, dont deux assises et une à moitié agenouillée, se livraient à un bizarre travail : une dévidait la quenouille, la seconde, qui lui faisait vis-à-vis, tissait le long fil déroulé par la première. La troisième, armée de forts et vastes ciseaux, s'apprêtait à couper le fil, et à suspendre ainsi le travail de ses compagnes.

J'ai su depuis que ces dames s'appelaient Clotho, Lachésis, Atropos, et que leur nom de famille était Les Parques. Mais alors on m'enseigna qu'elles filaient, tissaient et coupaient le fil destiné à former la trame de notre existence. J'appris ainsi que nous avions chacun notre sort, et que parler de vie c'était déjà parler de mort. La fileuse et la tisseuse étaient dignes de toutes les gratitudes. Mais la coupeuse du fil fatidique m'inspirait horreur. Il paraît que quelques-uns (les pessimistes disent : beaucoup) estiment qu'Atropos est au contraire la seule qui mérite le nom de Parque (si tant est que ce mot provienne de *parcere* et signifie réellement épargner). C'est une opinion qui, tout petit, m'eût épouvanté et qui, aujourd'hui, me paraît blasphématoire. Notre mère nous apprenait que la vie est toujours bonne, qu'elle est la communication avec Celui qui est l'Être, la Vie. « *Viringrazio, Domeneddio, Padre di tutta Vita che mi date questa gioia di rivedere ancora stamane la dolce luce di questo di.* » Ainsi ma mère m'enseignait la prière du réveil : « *Ti do il mio cuoricino, o buon Signor Gesù Cristo, fammi vivere oggi nella tua grazia, nella tua gioia, tu chi sei la vera Vita, la Luce gioconda delle anime nostre.* » Ces paroles me demeurent chères et claires. Il n'est pas besoin de la foi pour en sentir l'allègre harmonie.

Quelques autres meubles et objets avaient aussi mes amours : un tableau qui représentait Béatrice Cenci et qu'avait peint, nous disait-on, Guido Reni lui-même, en réplique de son chef-d'œuvre.

J'étais fort intrigué par une vaste composition de Rosa di Tivoli où l'on voyait un pâtre romain parmi ses vaches, ses chèvres et ses moutons. J'appelais le pâtre Viala : c'était le nom d'un berger au service de notre oncle paternel dans un domaine de Provence. Viala m'était cher depuis mes deux ans. Il était déguenillé, hirsute et barbu comme le Mélibée de Rosa. Un Louis XIV et un duc de Bourgogne me paraissaient majestueux et séduisants. J'étais très heureux qu'ils eussent été donnés par le Grand Roi et le Dauphin à l'un de mes arrière-grands-pères. Ce fut ma première raison d'aimer Louis XIV, bien avant d'avoir étudié son règne et même d'avoir lu le beau livre de Louis Bertrand.

Un saint Joseph de Zurbarán m'inquiétait, et je me demandais, anxieux, pourquoi la Sainte Vierge avait dû prendre un époux si dépenaillé et si vieux. J'étonnai beaucoup en demandant une fois à Fiot si son père avait été mendiant. Il s'étonna de ma question. « Parce que, lui répondis-je, ton papa, c'est le vieux saint Joseph, et qu'il n'est pas beau et pas propre. » Le saint Joseph m'est demeuré, sauvé de nombreux naufrages. Je ne le regarde pas sans songer au bon Fiot. Fiot avait, comme il convient, une grande dévotion à saint Joseph, mais il ne me semble pas qu'il ait été particulièrement flatté de la ressemblance devinée par mes jeunes yeux. Un portrait de mon grand-père méritait toutes mes sympathies. Mon aïeul était représenté en uniforme de commandant d'artillerie dans la garde royale. À sa droite était son cheval préféré, Bolivar. Derrière lui, à gauche, posé à terre, son haut bonnet à poil surmonté d'un plumet blanc. Que de temps j'ai passé à me demander pourquoi mon grand-père avait près de lui un petit fourneau qui donnait un tel panache de fumée ! J'éprouvai une déception quand je sus que ce fourneau c'était la coiffure emplumée de mon aïeul. J'ai continué d'ailleurs à ne pas bien comprendre pourquoi cette vaste coiffure était posée sur le sol.

XI

SUITE DES RELIQUES
OU L'ENSEIGNEMENT PAR LES TABLEAUX

L'archevêque de Toulouse et Dame Marthe de Cusson : un mariage de fantaisie. — L'aïeule à l'écureuil. — La rose de la Dauphine. — Le roi Charles X et l'oncle Zéphyrin. — La lettre du roi. — Comment une fleur enseigne le sacrifice. — Les ambitions maternelles : aiglons ou oisons. — Comment mon père s'enrôla en 1870. — Le baiser à Maimaine. — « Je suis heureuse, mon fils, de te voir blessé. » — Mon père *fait toujours ses pages d'écriture*. — L'aïeul à la compagnie. — La miniature de Fleuri-Zéphyrin et comme il compissa un jeune chevalier son voisin. — L'héroïque siège de Lyon. — Les seigneurs, les abbesses, les dames Caraccioli. — Messire Antonio Caracciolo, prince de Melfi, abbé de Saint-Victor, évêque de Troyes. — Le beau page. — L'ermite de la Sainte-Baume. — Le chartreux. — Le chanoine de Saint-Victor. — Le palais neigeux de Maurienne. — Le capitaine contre les Impériaux. — L'évêque de Troyes. — Le rêve d'union. — Le chapeau failli. — Le solitaire de Châteauneuf-sur-Loire. — Mes pèlerinages à Châteauneuf. — Le passé vivant. — Le maréchal de Melphes. — Le duc de Joyeuse. — Encore Mgr de Montchal et la belle Marthe de Cusson, dame de Mayol. — La reine de Saba et le roi Salomon.

Les ancêtres qui figuraient en d'autres tableaux avaient chacun reçu de moi une biographie de mon cru. Mgr de Montchal, archevêque de Toulouse, donnait la réplique à une demoiselle Marthe de Cusson, en robe généreusement décolletée. Je la donnais comme épouse au très vertueux pontife. Je ne voyais nul inconvénient à cette combinaison aussi avantageuse à l'un qu'à l'autre. Une arrière-grand'mère bourguignonne qui jouait avec un écureuil me semblait une jeune personne charmante et bien enviable. Un cadre en velours bleu de roi contenait une rose desséchée. Sous la fleur se lisait cette inscription : Rose donnée par Madame la Dauphine (la fille de Louis XVI, Madame Royale, Duchesse d'Angoulême) à son départ de France. Mon grand-oncle Zéphyrin, lieutenant-colonel dans la cavalerie de la garde, accompagna, en effet, le roi Charles X jusqu'à Cherbourg quand, en 1830, le malheureux roi quitta son royaume et gagna l'Angleterre ; trop peu politique pour déjouer les intrigues des libéraux, de Louis-Philippe, de la banque Lafitte et du lamentable autant que funeste La Fayette ; trop bon pour verser le sang de ses sujets. J'ai retrouvé une lettre du vieux roi, où il dit : « Je ne suis pas à plaindre, mais la France l'est beaucoup. Le trône n'est pas nécessaire à mon bonheur, mais le trône légitime l'est plus que jamais à la France. Je ne pleure pas ma couronne. Je pleure sur le sang qu'ont versé sans mon ordre des fidèles soucieux de leur honneur, de l'honneur français ; sur celui qu'il coûta à des Français égarés. Les élèves de l'école Polytechnique ont donné un funeste exemple. Ils ont paré d'héroïsme l'insurrection et la trahison au devoir. »

Cette rose m'a privé de nombreuses délices gourmandes, et m'a empêché de fonder, dès mon jeune âge, une solide fortune. Souventes fois, quand j'avais été bien sage, ma chère mère me disait : « Choisis, Jeannot : Veux-tu dix sous ou baiser la rose de la Dauphine ? » (Parfois les dix sous étaient remplacés par quelque sucrerie.) Formé dès le berceau à un héroïsme plus poussé que celui de Don Quichotte, j'aurais rougi de répondre autrement que par un cornélien : « Maman, la rose ! » Et le plus fort, c'est que, à travers le verre qui l'abritait, je croyais sentir un subtil et délicat parfum. Le baiser donné me comblait d'aise. Je me sentais un paladin en herbe. Mon renoncement me grandissait. Ainsi notre mère nous amenait à comprendre combien le spirituel surpasse le matériel, et combien il en coûte, dès l'enfance, de se façonner une âme de chevalier. C'était l'ambition de ma mère pour tous ses enfants. Plus tard, dans sa vieillesse, elle me répétait, songeuse : « Mon pauvre grand, je me demande si, pour vous tous, je n'ai pas voulu trop de surhumain et d'héroïsme. Je désirais vous voir voler comme des aigles. Peut-être n'étiez-vous bons que pour la volière ou la basse-cour. » Mais ces scrupules ne faisaient que l'effleurer. Bien vite elle ajoutait : « Mais non, j'ai bien fait ; crois-moi, il suffit de vouloir. S'ils le voulaient, les canards et les dindons apprendraient vite à voler comme des aigles. »

Par la rose de la Dauphine, ma mère m'a donné d'entendre que, pour l'honneur, il fallait sacrifier tous les biens de ce monde. Pour l'honneur ! C'eût été la meilleure devise à ses yeux ; elle était toujours prête à lui tout immoler. En 1870, elle venait d'avoir son sixième enfant : « — Henri, dit-elle à mon père, vous ne devriez plus être ici. — Ma bien-aimée, répliqua mon père, je n'osais vous le dire. J'ai demandé à partir. Ma demande est agréée. J'allais vous en avertir ; car je dois rejoindre mon corps. » Et ce soir-là mon père partit, en effet, pour rencontrer le bataillon de mobiles qu'il commanda vaillamment. J'ai même ouï dire que ma sœur Germaine, la nouvelle-née de ce moment, est la seule d'entre nous qui ait eu, dès sa naissance, le privilège d'un baiser paternel. Notre père ne pouvait se défendre d'un extrême dégoût pour cet amas gélatineux qu'est le bébé frais éclos du sein maternel. Ses lèvres se refusaient à effleurer la petite masse rose et blanche que, toute fière, lui présentait la sage-femme. Germaine triompha de ce dégoût (de quoi n'a-t-elle pas triomphé dans la vie ?). L'amour paternel, pour une fois, fut plus fort que la répugnance. Et puis mon père se disait que son retour au foyer était moins que certain. Il ne se résigna pas à risquer de ne baiser jamais ce qui, après tout, était l'os de ses os et la chair de sa chair. « En a-t-elle de la *"veine"*, Maimaine, disions-nous ! Papa l'a embrassée dès qu'elle fut trouvée. » Oui, Maimaine a toujours mis la chance dans sa poche ; et, croyez-moi, elle continue. Pas une comme elle pour découvrir la pie au nid.

En 1916, à Rouen où je venais d'être transporté, gravement blessé, ma mère qui avait appris mon état, malgré toutes mes ruses pour le lui cacher, vint me trouver à la clinique du docteur

Martin, rue Eau-de-Robecq. Elle avait soixante-treize ans. Elle m'embrassa en me disant : « Oh ! mon grand, comme j'ai été heureuse quand j'ai su qu'enfin tu avais donné de ton sang pour la France ! » Sa vaillance n'avait pas diminué depuis le jour où, toute jeune, elle envoyait son mari au combat.

La rose de la Dauphine ne fut pas seule à former ma jeune âme et mon imagination. Il y avait les gentilshommes et les nobles dames dont les portraits s'alignaient dans la salle à manger, les salons et le studieux cabinet où notre père passait de longues heures à travailler, ce qui me permettait de déclarer : « Papa fait tout le temps une page d'écriture. » Je distinguais spécialement un personnage de noir vêtu, au grand col blanc rabattu, à la fine moustache brune. J'ai su depuis que cet aïeul avait levé, à ses frais, une compagnie pour maintenir dans sa province l'autorité royale contre les huguenots. Il ne fut jamais indemnisé de ses débours, mais, plus tard, son fils reçut à Versailles le portrait de Louis XIV offert par le grand roi lui-même, et cet honneur extraordinaire lui parut réparer amplement les brèches faites à la fortune familiale dans son service du souverain. Ce monsieur me semblait fort triste et sévère. À combattre les protestants, il avait dû leur emprunter leur mélancolie. Je l'avais surnommé le grand-père en deuil.

Une miniature de notre arrière-grand-père tué à la Révolution me révélait un seigneur beaucoup plus séduisant. Cet ancêtre répondait au nom printanier de Fleuri-Zéphyrin. Son vêtement réséda, son jabot de dentelle, son catogan poudré, le vermillon atténué de ses joues, ses yeux bleus très fiers et très doux formaient un ensemble charmant. Une puérile et assez rabelaisienne histoire nous était contée sur ses enfances. Un jour de Pâques, comme il avait six ans, ses parents avaient convié certains barons de leurs voisins à passer la journée au château de Lupé. Toute la tribu avait répondu à l'invitation et, parmi elle, un jeune chevalier du même âge que Fleuri-Zéphyrin. L'héritier présomptif des nobles amis avait arboré pour la circonstance un vêtement velours groseille du plus magnifique effet. Dans le banc seigneurial, Fleuri-Zéphyrin se jugeait totalement éclipsé par cette splendeur. L'humiliation lui parut dure à supporter devant ses vassaux. Ce damoiseau ne s'avisa-t-il point de s'échapper sur la fin de l'office, de gravir l'escalier du modeste clocher. Il s'arrêta à une fenêtre qui surmontait la porte, et, de là, quand les hôtes défilèrent, à la sortie, par un beau visé et grâce à une savante trajectoire, Fleuri-Zéphyrin réussit d'un jet puissant à causer d'irréparables dommages au rutilant costume du futur baron. Fleuri-Zéphyrin fut, trente ans plus tard, un héroïque artilleur au siège que Lyon soutint, sous les ordres de Précy, contre les armées de la Convention. Page admirable où notre bisaïeul inscrivit son nom de son sang, car il fut mitraillé dans la plaine tragique des Brotteaux.

À mes yeux, pourtant, les ancêtres maternels rivalisaient avantageusement avec les aïeux paternels. Je manifestais une préférence en leur faveur, ce qui plaisait modérément à notre père. Une dame Louis XV, en tenue de cour, sa montre d'or entre les doigts, était pour moi pleine de mystère. Une abbesse à la crosse, que voilait une riche écharpe, me regardait d'un œil inquisiteur. J'étais pénétré d'émotion et de curiosité. Un seigneur, dont la perruque était du temps de Louis XIV, s'enveloppait d'un manteau chevaleresque broché et surbroché d'or, rehaussé par le cordon rouge de la Toison d'or. Il rêvait de grandeurs inconnues... Qui donc pourrait raconter tout ce que les vieux portraits disent au jeune enfant qui les contemple journellement ? Je me demande si les tableaux de ses devanciers ne sont pas souvent, pour l'enfant, les plus secrets, mais aussi les plus profonds des éducateurs.

Je ne puis retracer tout ce que m'a conté une dame au petit chien (c'est une lointaine grand'mère maternelle, à qui ma mère ressemblait d'ailleurs curieusement), dont les yeux brillaient si étrangement sur la table de bois où le peintre du XVIIe siècle avait reproduit ses traits. Mais mon préféré fut, sans doute possible, un tableautin où vivait la tête de messire Antonio, prince de Melfi et évêque de Troyes. Avant d'être évêque, il fut chanoine régulier, puis abbé de Saint-Victor. Il avait été un jeune enfant studieux, méditatif et rieur, puis un beau damoiseau qui séduisit la Cour et que protégèrent hautes dames, princesses, reines et rois. Seule lui manqua la faveur des papes, dont l'un fut cependant son cousin. Il oscilla entre la foi catholique de Rome et la Réforme évangélique. Il aimait l'humilité ; mais son âme altière ne pouvait mourir à l'ambition. Il cherchait la perfection et la solitude ; il ressentait un grand amour pour les pauvres ; mais le monde le séduisait, le siècle le retenait, l'élégance le captivait, l'art le gouvernait. À peine hors de page, il fut ermite à la Sainte-Baume, puis solitaire à la Chartreuse de Paris, chanoine en ce Saint-Victor qu'a tristement envahi aujourd'hui la Halle-aux-Vins. La reine de Navarre persuada Henri II d'imposer le beau Napolitain comme abbé aux Victorins récalcitrants dont la bourgeoisie canoniale s'offusquait de recevoir le jeune gentilhomme pour prélat. Le voici nommé à l'évêché de Maurienne. À peine eut-il vu ce neigeux diocèse qu'il refusa d'enfermer sa jeunesse dans cette prison alpestre. Henri II, qui l'aimait, le nomma évêque de Troyes, et le pape dut incliner sa tiare et préconiser le prince charmant qui avait, un beau jour, quitté la tunique blanche et le rochet de Saint-Victor pour prendre le casque et la cuirasse, et se muer en capitaine d'une compagnie, par lui levée contre les Impériaux. Il était délicat poète, docteur mystique (son traité *Le Mirouer de la vraie religion* est émouvant à lire) et hardi théologien. Il rêva, ce cher utopiste, d'unir dans une fraternelle dilection les catholiques et les réformés. Cela lui valut, comme il est juste, la haine des uns et des autres. Il voulut se consoler de ses déboires par la pourpre. Le roi la réclama pour son favori, mais le pape, cousin d'Antonio, se fâcha et n'admit pas qu'on lui forçât la main : « Passe pour les évêchés de France, disait Paul IV Caraffa, mais les titres cardinalices sont propriété du seul Saint-Siège. » Antonio ne put se vêtir d'écarlate ! Le chapitre troyen lui causa mille et une misères : Antonio résigna son évêché en faveur de messire Claude de Baufremont contre dix mille livres de rente. Incompris de tous, messire Antonio renonça à tout et à tous. Son âme était trop généreuse pour le siècle, son cœur était trop grand pour la médiocrité des hommes. Sa souple élégance napolitaine, sa grâce de Sud-Italien choquait les clercs et les dévots de France. Mais, hélas ! il était aussi trop Français pour que sa loyauté ne heurtât pas les subtilités d'outre-monts. Les cénobites victorins et les vénérables chanoines champenois, les protestants genevois ne surent pas goûter son charme léger et profond. Ce sang bleu les offensait, tandis que d'autres s'offusquaient de voir ce fils des Princes prendre ses amis parmi les plus humbles, comme si la vraie race s'abaissait quand elle élève jusqu'à elle. À Rome, on ne comprit pas le tour français qui poussait messire Antonio à de nettes déclarations, trop dépouillées d'artifice. Quel besoin pressait ce grand seigneur, qui ne pouvait se masquer pleinement sous les vêtements d'Église, de déclarer toute sa pensée, d'afficher ses désirs et ses prétentions ? Antonio dut s'enfermer dans son château de Loire.

Quasi pauvre, seul à longueur de journées, il passa ses dernières années à regarder couler la rivière sous le ciel de la fine Touraine qui n'a, pour rivaliser avec lui, que l'azur délié, teinté d'un gris léger, parure discrète de la tendre Île-de-France où Antonio avait vécu le temps de sa jeunesse cléricale.

C'est dans ce domaine de Châteauneuf-sur-Loire qu'Antonio écrivit ses dernières pages et chanta ses derniers vers, avant que de mourir prématurément. L'église du lieu renferme ses cendres. Bien des fois j'ai accompli un pieux pèlerinage jusqu'à ce sanctuaire où dort la dépouille mortelle de l'évêque-prince de Melfi, auquel m'attachent les liens du sang et une amitié d'outre-tombe dont l'emprise fut toujours sur moi singulièrement forte. Quand je lis ses poèmes ou sa prose, il me semble que c'est mon esprit qui a pensé ces pensées, ma main qui a tracé ces lignes. Le portrait d'Antonio, prince de Melfi, abbé de Saint-Victor, évêque de Troyes, m'envoûtait de son regard ardent, dominateur et si aimant. Comme je le chérissais, ce lointain grand-oncle, ascète et cavalier, mondain et claustral, moine et soldat, diplomate sans carrière, évêque sans diocèse, qui donna tout de lui-même et de ses biens, son cœur et son argent, et ne récolta rien qu'ingratitude et trahison. Sa vie, ses œuvres me sont devenues livres de chevet. Comment, enfant, avais-je pu deviner déjà qu'il serait pour moi le *Passé vivant* ? Ce fils de Zeus, car les Caracciolo veulent remonter à l'Olympe, fut vraiment d'une lignée plus qu'humaine.

J'éprouve une mystérieuse douceur à me rappeler ces objets familiers qui furent le décor où se mouvait mon jeune être, que contemplaient mes yeux nés depuis peu à la lumière : chaude atmosphère familiale dont on ne comprend toute la douceur que lorsqu'elle n'est plus, hélas ! qu'un souvenir.

Je ne veux pourtant point quitter cette galerie des portraits sans en décrire encore au moins quatre autres auxquels allait ma sympathie. C'était d'abord un beau vieillard en simarre, à la longue barbe blanche : le père de messire Antonio l'évêque de Troyes. Il servit Charles Quint en toute vaillance et féal dévouement. Fait prisonnier par Lautrec, il dut venir en France. L'empereur, pingre toujours, refusa de payer la rançon de ce fidèle, de ce héros. Le roi de France offrit au grand seigneur d'entrer aux armées du royaume. Il le créa maréchal de France et lui confia la défense de ses places et frontières. Romorantin, Châteauneuf-sur-Loire le consolèrent de Melfi, sa riante principauté napolitaine. Il mourut plein d'âge et de gloire. Ses fils suivirent son exemple et n'épargnèrent pour la France ni leur labeur, ni leur sang, ni leur vie. Dans son cadre italien, la figure du maréchal Giovanni Caracciolo, prince de Melfi, se détachait austère et imposante. Ce guerrier avait quelque chose d'un moine chevalier. Sa tête chenue, sa barbe fleurie me le rendaient comme une figure de saint.

Le duc de Joyeuse, en collerette godronnée, lui faisait pendant. Notre famille paternelle était alliée à sa maison. La fraise, les perles qui ornaient ses oreilles, son *bouc* taillé en pointe aiguë lui donnaient un aspect quelque peu diabolique. Dès que je sus lire, j'épelais l'inscription marquée au bas du tableau : « Anne, duc de Joyeuse, chevalier des ordres du roi, capitaine de cent hommes d'armes. » Comme les nombres étaient encore très mystérieux pour moi, ces cent hommes d'armes me représentaient toute une armée.

L'ENSEIGNEMENT PAR LES TABLEAUX

Un grand portrait ovale, déjà désigné, me montrait la haute stature de Mgr de Montchal, archevêque de Toulouse, l'irréductible adversaire de Richelieu. Ce pontife portait une mozette d'un bleu foncé qu'agrémentait un ample col de toile blanche. C'était un grand-oncle par alliance, je le savais. Bienfaiteur de notre famille, sa mémoire était renommée parmi nous. Dois-je dire que ce qui m'attirait le plus dans ce tableau, c'était le rideau qui se drapait derrière la tête du vénérable personnage ? Ce rideau m'intriguait, et je me posais mille questions à son sujet. Pour moi, Mgr de Montchal était tout simplement l'oncle au rideau. Le paysage confus qui s'apercevait à travers la baie, que ce rideau masquait à demi, exerçait sur moi une attirance inexpliquée.

Le quatrième tableau (de lui aussi nous avons parlé précédemment) figurait la nièce de Mgr de Montchal : Marthe de Cusson de Saint-Ignac, devenue par son mariage une de nos aïeules. Celle-ci me ravissait : elle se montrait toute jeune, la figure encadrée par de longues boucles noires. Un élégant corsage dégageait sa gorge et moulait sa taille. Quand on me contait qu'elle avait apporté dans sa corbeille de mariage une merveilleuse dot, je ne pouvais me tenir de la comparer à la reine de Saba offrant ses trésors au roi Salomon.

Je fus très indigné, certain jour où je récitais ma leçon d'Histoire sainte. J'eus l'imprudence de confier ma comparaison à notre gouvernante. Elle me déclara, sans souci de mon rêve enfantin, que Salomon était un Juif et la *reine de Saba une négresse* !

XII

LA BEAUTÉ DE MA MÈRE

La beauté de ma mère. — Ses toilettes. — « Maman, vous êtes toute belle. » — « Papa, vous êtes tout noir et tout laid. » — Une toilette rose et une guirlande de fleurs. — Les insomnies du comte de Puiseux. — Les bijoux maternels. — Le goût de ma mère. — Sa taille et son attrait. — La pointe d'impertinence.

Mais aux portraits, quelle que fût pour eux ma dilection, je préférais un autre tableau, vivant, celui-là : la vision de ma mère en toilette de soirée. Comme les regards des enfants savent voir ! comme leur mémoire sait retenir ! Les robes de ma mère, je pourrais les décrire par le menu. Ses bijoux, je les connais tous. Un soir (on dînait tôt à cette époque), ma mère, qui s'apprêtait à partir (elle était déjà dans l'antichambre, sous la glace aux colombes), me fit demander, désireuse de m'embrasser avant que de quitter la maison. Elle portait une robe de velours blanc frappé, à longue traîne, toute bordée d'épis d'argent : « Oh ! maman, que vous êtes belle ! » m'écriai-je. Je tournais autour de la traîne ; j'étais heureux de voir ma mère si resplendissante. « Et moi, ne suis-je pas beau, Jeannot ? » me demanda mon père. Vraiment, ce frac, cette chemise empesée ne me disaient rien qui vaille. Mon père tenait à la main son chapeau-claque et ses gants blancs. (Je n'ai jamais vu mon père mettre de gants, toujours il les tenait à la main.) J'aurais bien voulu adresser un compliment à mon père. Mais la sincérité m'en empêchait. « — Eh bien, insista mon père, ne suis-je pas beau, mon petit Jean ? — Oh ! non, papa, vous êtes très laid ; vous êtes tout noir.

Maman est toute blanche et argent. » Comme ils rirent de ma réponse ! Et comme ils m'embrassèrent tous deux de tout leur cœur !

Un autre soir, ma bonne me mit à la fenêtre pour me faire assister au départ de mes parents : ma mère était vêtue de rose (le valet de pied tenait la queue de sa robe et la rangeait dans la voiture) ; sur ses beaux cheveux noirs était disposée une guirlande de roses dont les deux pans tombaient jusque sur son dos. Mon père l'enveloppait d'un regard que je vis souvent dans ses yeux, tout d'amour et de ravissement. Je n'ai pas été surpris quand, longtemps, bien longtemps après, le vieux comte de Puiseux me confiait : « Ah ! Jean, qu'elle était donc prenante, la beauté de ta mère ! »

J'aimais voir ma mère se parer de ses bijoux. Elle mettait dans ses cheveux des étoiles en brillants. Son cou s'ornait d'une rivière de diamants qu'elle disposait sur un ruban de couleur. Je vois toutes ses bagues, une émeraude surtout surmontée d'une couronne et encadrée de deux lions. Parmi les bracelets, j'en distingue trois : un était formé par les rangs multiples de toutes petites perles ; un autre, en or, avait un gros chaton sur lequel une mouche était posée ; un troisième, d'un goût bien napolitain, me semblait un chef-d'œuvre : il se composait de médaillons en mosaïques où figuraient les monuments romains : le Colisée, l'Arc de Titus, Saint-Pierre, la colonne Trajane, que sais-je encore ? Non, rien pour moi n'égalait ma mère. Ses vêtements et ses bijoux m'apparaissaient des parures incomparables. Pour les enfants, tout ce qui touche à leur mère est revêtu d'un rayon divin qui décore de splendeur l'objet le plus humble : le sourire d'une mère est le plus grand des magiciens.

Ma mère avait un art singulier pour se vêtir. Ses robes les plus simples, ses coiffures les plus modestes durant toute sa vie, jusque dans son extrême vieillesse, s'harmonisaient avec sa beauté. Ils faisaient un tout avec elle. Le chaperon de veuve, qu'elle ne quitta jamais depuis la mort de mon père, coiffait si bellement ses cheveux d'argent souples et son fin ovale ! Nul ne songeait de prime abord à penser ou à dire : « Comme cette robe est belle ! comme cette parure va bien ! » Un seul jugement venait à l'esprit pour qui rencontrait ma mère : « Comme elle est délicieuse ! quel charme altier et captivant ! » Mille fois, quand je fus grand, de telles réflexions me furent exprimées. Ceux qui l'ont connue, cette mère aimée, me le redisent encore. Je ne m'étonne plus que, dans l'éclat de ses trente ans, elle me parût à ravir si svelte avec ces robes princesses qui faisaient l'office de nos modernes « tailleurs », et dont la traîne était, dans la rue, relevée par un *page* d'argent fixé au côté. Ma mère était plutôt petite, mais elle avait, dans sa grâce, une telle majesté souriante que nul ne songeait à sa taille et qu'elle semblait dominer ceux qui l'entouraient. Elle appelait et retenait à la fois : tous venaient à elle comme si elle eût possédé un aimant ; mais à son regard, d'ordinaire si doux, à sa pose abandonnée, se mêlait un soupçon de hauteur si naturelle que le respect s'imposait à tous. Plus tard, elle nous répétait : « Soyez aimables, mes enfants. Ne sacrifiez jamais à la pose. L'affectation n'est bonne qu'aux parvenus. Mais une pointe d'impertinence sied toujours avec vos égaux ou ceux qui se croient tels. »

XIII

ADMIRATIONS FÉMININES — ENTHOUSIASMES MILITAIRES — AMBITIONS — COQUETTERIES — LE PARTAGE DE L'EUROPE

La princesse Stirbey, la comtesse de Puiseux, Isabelle du Sablon. — Figurines de catalogue. — Les hommages aux invités. — Le pied de la comtesse. — Le factionnaire, le général et son cheval. — Play-play. — La sirène au peigne d'or. — En compagnie libertine. — Le fouet dans les vingt-quatre heures. — Le général Guiguite. — Ambitions ! — Ficelles et manteaux royaux. — Pantalons à dentelles. — À qui les royaumes ? — Le Portugal est trop petit.

Les trois grandes amies de ma mère étaient la princesse Stirbey, Mlle de Soyka, jolie Autrichienne mariée à un Roumain, fils d'hospodar, qui avait été le fraternel camarade d'études de notre père ; une Hongroise, la comtesse de Puiseux ; et une Forézienne pur sang : Isabelle du Sablon, qui avait épousé le comte Ruty.

La comtesse de Puiseux, Olga, et la princesse Stirbey, Alexandrine, furent les deux admirations féminines de ma jeunesse. Un de nos passe-temps favoris était de découper les figurines des catalogues qu'envoyaient le Bon Marché, le Louvre et le Petit-Saint-Thomas. Nous découpions à la fois le contour de la belle dame que représentait le prospectus et la page qui suivait celle où était la figurine. Nous obtenions ainsi deux minuscules personnages qui nous semblaient presque animés, le premier d'une vie complète, car il était doué de tous les attraits d'une personne vivante : yeux, oreilles, nez, cheveux, taille et gorge délicates, pieds petits et mains mignonnes ; le second d'une vie plus restreinte, comme rudimentaire, car il n'était à l'autre que ce que l'ombre est à l'être, puisqu'il se composait seulement d'un papier sur lequel se lisaient des indications commerciales, et n'avait d'humain que la silhouette. La dame à l'allure distinguée, c'était pour nous la comtesse de Puiseux ; l'autre, qui paraissait son pâle reflet, mais était encore d'une coupe enviable, c'était la princesse Stirbey.

Quand nos parents recevaient, nous apparaissions pomponnés à souhait, conduits par notre institutrice, pour saluer les invités. Ce nous était un orgueil et un ennui tout à la fois. Mais quand parmi les hôtes était la comtesse de Puiseux ou la princesse Stirbey, je n'aurais pas donné ma place pour un empire. J'aperçois, en fermant les yeux, la comtesse de Puiseux dans une robe bleu ciel, décolletée en corbeille. Des volants superposés s'étagent sur sa poitrine, ses épaules et son dos. Elle était divine ! Et la princesse Stirbey en noir et or avec des coquelicots dans les cheveux ! J'en rêvais ! Un soir, comme on me couchait, assis sur mon lit, en longue chemise blanche, je regardais avec complaisance mon pied droit : « Lili ! Lili ! appelai-je, regarde mon pied droit comme il est joli ! Il ressemble à celui de la comtesse de Puiseux. » Je n'avais jamais vu ses pieds que chaussés ; mais mon imagination avait travaillé, et j'étais arrivé à me représenter les pieds de mon idole : je les avais trouvés pareils aux miens.

L'admiration que j'avais pour ces beautés rivalisait avec les sentiments respectueux que m'inspirait le brillant uniforme du soldat qui montait la faction à notre porte cochère, en l'honneur du général des Garets, locataire lui aussi d'un appartement dans notre hôtel.

Le général resplendissait de dorures, et son cheval me semblait le plus noble des destriers. Mais le factionnaire ne le cédait guère à son chef dans mon esprit. Si je n'avais pas été sage, si j'avais pleuré ou boudé, je craignais fort qu'il ne m'empoignât ou ne m'embrochât de sa baïonnette. Le tambour que j'entendais souvent (car alors l'armée se montrait partout ; nous n'en étions pas encore à la cacher, comme plus tard, sous couleur de pacifisme), les roulements savants des baguettes sur sa peau tendue augmentaient le prestige du militaire qui était à notre porte. Aussi avais-je baptisé le factionnaire : *Play-play*.

Je le considérais en passant d'un œil soumis et subjugué, et plus j'avais été récalcitrant, plus je lui adressais d'aimables : « Bonjour, Play-play. Play-play, Jeannot a été bien sage. Il faut être gentil avec lui. »

Si séduisant que pût être le militaire, l'élément féminin m'attirait davantage. Un jour que notre bande était au Luxembourg, mon regard découvrit sur un banc de charmantes déesses. Des jeunes gens les entouraient. L'une avait un haut peigne doré dans sa coiffure. Une autre avait laissé retomber ses longs cheveux ; deux de ses compagnes la peignaient, et les garçons, des étudiants sans doute, disposaient des fleurs parmi ses boucles. Ce tableau m'était enchanteur. Je trouvai le moyen d'échapper à la surveillance de l'institutrice et de mes aînés, grâce à une savante manœuvre. Me voici près des déesses au peigne d'or, aux cheveux défaits. Je fus choyé, caressé, baisé par les jolies filles ; les garçons me mirent sur les genoux de la plus belle et achetèrent pour moi à la marchande du kiosque voisin des bonbons et un cochon en pain d'épices. Le roi n'était pas mon cousin. Hélas ! notre institutrice, mon frère, Yéyette et Lili me découvrirent. Ils m'enlevèrent avec des excuses aimables et pincées à mes adorateurs et adoratrices. Je fus grondé dans la mesure où mon éclipse les avait effrayés. Le soir je fus accusé de mon escapade devant mes parents. Ma mère dit simplement : « Jean, je suis trop en colère pour te fouetter. Il ne faut jamais punir tant que dure la colère. Mademoiselle, demain à 11 heures, vous m'amènerez Jean pour que je le fouette. » C'est ainsi qu'en usait toujours notre mère ; elle nous donnait ainsi à entendre que la correction provenait non de l'impatience, mais de la justice. Et le lendemain je fus fouetté avec la cuillère à bois qui était le sceptre vengeur dont notre derrière sentait la meurtrissure. Quel soulagement quand justice était faite : il avait fallu attendre vingt-quatre heures l'humiliation. Cette incursion précoce dans les mauvaises compagnies fut, je pense, jugée d'un mauvais présage. Heureusement elle tourna fort mal pour moi. Le châtiment qui m'en punit fut assez cuisant à mon arrière-train pour que ma tête retînt ce qu'il en pouvait coûter d'aller chercher son plaisir parmi les mauvais sujets.

Voici qu'il me souvient de deux jeux qui nous délectaient. Ma sœur Guiguite, un vrai garçon (elle est aujourd'hui moniale bénédictine), voulait toujours jouer le rôle d'un général. Maimaine était son officier d'ordonnance. J'étais réduit au rôle de factionnaire, et je devais présenter les armes avec un mètre de bois. J'aimais ce jeu, mais ma position subalterne m'offusquait. D'autres fois je devais exécuter des roulements sur un tambour, d'ailleurs invisible, en l'honneur du général Guiguite. Jamais je n'eus la chance qu'un comparse en fît retentir un pour moi. J'étais vexé.

Maimaine aimait les grandeurs. Elle voulait être reine et m'acceptait pour roi. C'était ma revanche. Pour nous costumer, Maimaine nouait des ficelles les unes au bout des autres et les attachait à la patte arrière de nos tabliers. Puis nous nous promenions dans l'appartement d'un air digne et grave, persuadés que nous traînions derrière nous les plus mirifiques manteaux royaux. La dispute survenait au moment d'entrer dans un carrosse imaginaire. Je soutenais que le roi devait passer le premier. Maimaine se fâchait tout rouge : « Un roi est poli, déclarait-elle ; il laisse l'honneur à la reine. » Sur quoi nous échangions des insultes sonores, à faire pâlir les héros d'Homère.

Un jour notre mère nous conduisit au Petit-Saint-Thomas (le magasin bien posé dans l'aristocratie du faubourg), pour commander, à Maimaine et à moi, des pantalons en batiste. Nous nous pensâmes ducs et pairs. Le lendemain Maimaine m'appela secrètement : « Jeannot, les pantalons sont arrivés. Le paquet est dans l'antichambre, près du canapé où dort Sansandre. » Et nous voilà tous deux en adoration devant le sublime colis. « — Oh ! Maimaine, quand les verrons-nous ? — Attends, Jeannot, je vais te les montrer. » Et la subtile Maimaine retourna le paquet, y fit un petit trou, l'agrandit délicatement. « Jeannot, *ils* ont de la dentelle autour des jambes ! » (*Ils*, c'était les pantalons.) « — C'est ennuyeux, Maimaine, on ne la verra pas (la dentelle). — Tu sais, Jeannot, je relèverai ma robe. » Hélas ! qu'advint-il, je l'ignore. Nous ne portâmes jamais ces splendeurs. Ainsi nos ambitions et nos conquêtes échouent-elles souvent au port.

Décidément, le désir d'être roi nous hantait. Il me souvient qu'un jour où nous jouions à ces jeux que les enfants d'aujourd'hui méprisent :

> Il est passé par ici,
> Le clairon du roi joli.

(car les vieux refrains nous étaient appris, et nous méprisions les nigauds qui remplaçaient le clairon par un furet et le roi par un bois : « Sont-ils bêtes, ceux-là ; ils ne savent rien ! »)

Vint l'idée de nous partager l'Europe. Maimaine avait dû suggérer le jeu. Yette se déclara reine de France, Sansandre était son roi ; Lili voulut l'empire d'Autriche ; Thérèse la Grande-Bretagne ; Guiguite le royaume d'Espagne ; Maimaine prit la Hollande et la Belgique dont elle chassait le roi entaché d'orléanisme. « Et moi ? » demandai-je, inquiet de cette répartition, « et moi ? » Il me fut déclaré qu'il ne restait que le Portugal, car de l'Allemagne nul ne voulait puisqu'elle avait mené la guerre de 1870, et les Deux-Siciles nous étaient trop chères pour endosser l'usurpation de l'Italie. Le Portugal me plaisait assez, car il m'apparaissait tout planté d'orangers embaumés (*i portocalli*, c'est le nom des oranges en napolitain). Je voulus voir mon royaume. Sansandre me le montra sur la carte : « Il n'est pas fameux, ton royaume ! » À le découvrir si petit, je me désespérai. Que de larmes j'ai versées à la pensée que frère et sœurs étaient bien pourvus et que mon État était si mince. Roi de Portugal ! je me sauvai, me cachai, honteux de siéger, si médiocre sire, parmi tant de puissants potentats ! Qu'eût-ce été, grands dieux, si mes empereurs et reines de frère et sœurs m'eussent pourvu de Monaco !

XIV

UN MÉNAGE DU MARAIS — SOUVENIRS DE 1870

Un couple de bijoutiers, et comment la Commune l'unit à notre famille. — Vaillance de nos parents au cours de la guerre. — Le salut du général allemand. — Les adieux des ennemis. — Nos parents à Versailles. — La maison du chanoine ou l'hôtellerie de droite. — Les punaises ramènent les fugitifs. — La visite aux communards. — Les hauts faits de Mme Picard. — « Vivent les Parisiens et Vive le Roi ! » — Les dédains des domestiques. — La boutique aux drapeaux. — La leçon de Mme Picard.

J'ai oublié parmi les amis de mes parents un ménage du Marais, qui avait droit à ses grandes entrées dans la maison : M. et Mme Picard, bijoutiers en gros. Ce couple était dévoué corps et âme à notre famille. Mme Picard était une grande et forte femme, assez haute en couleur (genre, j'imagine, de Mme Angot).

Aux jours de la Commune, elle avait rendu de grands services à nos parents. Alors j'étais encore dans les limbes. Mais ces histoires, je les entendis si souvent que je crois les avoir vécues.

Ma mère, elle aussi, avait montré sa vaillance. Notre demeure de Nuits-Saint-Georges, alors Nuits-sous-Beaune, avait été par elle transformée en ambulance pour les blessés. Les Allemands l'avaient entourée d'égards. Leur général logeait chez nous. À leur départ, il demanda l'honneur de saluer ma mère. La requête fut déclinée, puis consentie sur l'insistance de l'officier d'ordonnance. Avertie par un serviteur, ma mère sortit de sa chambre et s'arrêta au seuil de la porte qui ouvrait sur la bibliothèque. Sous le chambranle de la porte communiquant avec la galerie se tenait le général, la main à la visière du casque. En silence, il salua longuement ma mère. Quand elle se retira, après une muette inclination, il fit claquer ses éperons et attendit qu'elle eût disparu pour accomplir demi-tour. Un instant après ce silencieux entretien, l'officier d'ordonnance priait ma mère d'accepter l'offrande de vivres nombreux pour les blessés. « Dites, monsieur, à Son Excellence votre Général, répliqua ma mère, que nous nourrirons et soignerons vos blessés comme les nôtres. Je ne dois rien recevoir des ennemis tant qu'ils sont sur le sol de France. »

Devant la porte d'entrée, au moment du départ, le général fit décharger deux voitures de vivres, remèdes et pansements. Pendant tout le temps où les Allemands occupèrent Nuits, une sentinelle veillait à l'entrée des caves pour en interdire l'accès à tous, officiers et soldats.

La guerre finie, mon père voulait regagner Paris. La Commune était née. Mon père, illustré d'une jeune bravoure dans les combats contre l'envahisseur, et ma mère s'étaient installés à Versailles. Je possède, parmi mes plus précieuses archives, l'ordre du jour décerné à mon père par le général Clinchamp qui l'avait décoré sur le champ de bataille, à Beaune-la-Rolande. La mairie de Boiscommun, près Orléans, porte gravé sur une plaque le souvenir héroïque de mon père. J'ai connu plusieurs officiers qui servirent sous mon père, entre autres le capitaine Prince, père du malheureux conseiller, et l'aumônier, l'abbé de Dartein, qui, plus tard, à Nancy, m'accueillit paternellement dans sa maison, rue de Strasbourg, quand j'accomplissais mon service militaire. Dom de Dartein termina ses jours sous le froc bénédictin.

Or donc, la campagne terminée, mon père et ma mère ne purent réintégrer Paris, où ils occupaient rue du Cherche-Midi un appartement dans un ancien hôtel Sully. Ils s'établirent à Versailles, comme le gouvernement. (Les intérêts de la cause monarchique y exigeaient la présence de mon père.) Ils y louèrent la demeure du chanoine Darras. C'est l'auteur d'une histoire ecclésiastique connue pour son absence du plus élémentaire esprit critique.

Bientôt leurs amis parlementaires et autres leur demandèrent la table et le couvert. Il devenait impossible, en effet, de trouver un logement à Versailles. Keller, le marquis de Dreux-Brézé, le marquis de Saint-Seine, furent parmi leurs hôtes. À la fin, l'affluence fut telle qu'il fallut mettre par terre matelas et literie pour donner une couchette aux nouveaux arrivants. Je sais qu'Émile Keller, Lucien Brun et le Dr Herrgott trouvèrent un beau jour ces lits par trop rudimentaires. Après de nombreux remerciements, ils dirent qu'ils s'en allaient en quête d'un nouveau logement et feraient prendre leurs bagages. À une heure du matin, tout penauds, ils sonnaient à la porte et demandaient à être de nouveau admis : les chambres qu'ils avaient pensé louer étaient peuplées de punaises ; ils avaient manqué de courage...

De nouveaux amis survinrent. Nous n'avions pas assez de matelas, de draps, de couvertures. Ma mère accueillit les nouveaux hôtes avec son enjouement inimitable. Puis, sans en rien dire à mon père, elle fréta une voiture, et en route pour Paris. Sa jeunesse était si triomphante, elle était si gaie, cette Napolitaine, proche encore de ses vingt ans, si parisienne, qu'elle et son équipage passèrent sans encombre aux barrières. Ma mère se rendit rue des Gravilliers et fut chercher son amie la bijoutière, Mme Charles Picard, Eugénie de son prénom. Toutes deux chargèrent sur la voiture matelas, draps, couvertures, traversins, oreillers. Et ce fut le retour à Versailles. La vaillante Mme Picard ne quitta ma mère qu'après l'avoir vue passer allègrement les fortifications. Trois fois ma mère accomplit ce périlleux voyage, toujours dans les mêmes conditions. Je sais qu'une fois Mme Picard, pour rejoindre ma mère, dut franchir une barricade en construction : « — Travaille avec nous une petite demi-heure, la belle citoyenne », lui déclarèrent les communards ; « et puis tu pourras passer librement. — Allons, mes amis, pas de bêtise, répondit la bijoutière. Vous voyez bien que je suis pressée. — Alors, crie : Vive la Commune ! déclara l'un des insurgés. Et l'on te laissera aller vers ton galant. — Vive la Commune ? ah ! ça, n'y comptez pas, mes amis. Je suis trop amie du peuple pour lui mentir. Pas plus de *Vive la Commune* que de Vive l'Empereur ou de Vive Thiers. — Alors, que veux-tu crier ? Il faut crier quelque chose. — Eh bien ! Vivent les Parisiens et Vive le Roi ! » Elle dut trinquer avec les constructeurs, se laisser embrasser, et passa. Ainsi allaient les choses en ce temps-là. Gageons que si nous revoyions jamais ces mauvais jours, il n'en irait pas autrement.

J'ai dû m'attarder à ces faits, bien qu'ils semblent être hors de mon sujet, pour retracer la figure de cette humble amie. Avec Fiot, elle eut une place de choix à la maison. Je l'ai toujours connue dévouée au-delà de toutes limites. Peut-être, si je poursuis ces mémoires jusqu'à mon adolescence, aurai-je à conter les sacrifices qu'elle sut accomplir avec cette simplicité dont l'âme française a le secret.

Mes parents se plaisaient à l'inviter à leur table. Maître d'hôtel et laquais faisaient la moue pour la servir. Je dois reconnaître que cette excellente femme, jeune encore quand mon enfance la connut, avait la déplorable habitude de priser. Cela nous mettait au désespoir, et notre bande n'hésitait pas à manifester son dégoût. Nous l'aimions beaucoup cependant, notre brave Eugénie Picard, et elle nous comblait de gâteries.

Elle était royaliste et drapeau blanc au-delà du possible. Je la vois rejoindre notre groupe au Luxembourg. Elle me prit à notre institutrice et me conduisit au kiosque, où une brave marchande, royaliste fervente elle aussi, vendait ces toupies que nous appelions des sabots, des cerfs-volants, des cochons en pain d'épices, des réglisses et un coco délicieux dont nous nous régalions. Ah ! l'heureux temps de simples bombances !

Mme Picard me demanda ce qu'elle devait m'acheter : « Toute la boutique du roi de Congo, si cela peut vous faire plaisir. » J'étais aux anges, mais embarrassé : notre vendeuse royaliste avait dans sa marchandise de petits drapeaux tricolores. Il faut bien contenter toute la clientèle : le commerce, comme l'ambition, incite au sacrifice, apparent, des convictions. Mme Picard allait-elle m'en rendre possesseur ! Je les lui montrai du doigt : « — Pas ça, Madame Picard, pas ça. Ça vilain. — Non, pas ça, mon chéri. Mais il faut aimer ce qui est écrit sur le blanc, et le redire toujours. — Quoi y a écrit, Madame Picard ? — Vive la France ! »

J'ai fait ce que m'avait dit notre bijoutière en gros, du Marais.

XV

PREMIÈRES COMMUNIONS

Yéyette enfant de Marie. — Sanglots dans la chapelle. — Les escarpins blancs de Lili. — Ma robe géranium. — Les pieds du diable. — La beauté de Lili.

Parmi les souvenirs de cette lumineuse époque, je retrouve, dans un vague tableau, la réception comme enfant de Marie de Yette, notre aînée. C'est à peine si je devais tenir sur mes jambes. Je suis dans une chapelle, près de ma mère. Là-bas il y a un nuage blanc qui, je le sais maintenant, est formé des robes et des voiles que portent les jeunes élues. Ma mère se penche vers son petit bonhomme et lui murmure quelques douces paroles de reproche : « Tiens-toi bien, Jeannot. » Sans doute elle insiste : « Allons, petit, ne remue pas comme cela. Tu te tiens mal ! Tu n'aimes donc pas le petit Jésus ? » J'éclate en sanglots, et je crie sans plus pouvoir m'arrêter : « Oh ! si, je l'aime, maman, le petit Jésus ! Oh ! si je l'aime, je l'aime, je l'aime !... »

Deux ans plus tard, ce sera la première communion de ma sœur Thérèse et le renouvellement de Lili. Là, le tableau est très précis. C'est le soir, nous sommes tous dans le boudoir de ma mère. Une femme vient essayer à ma sœur une paire de blancs escarpins. Le choix est fait. « — Et toi, Lili ? interroge ma mère, il te faut aussi, pour ton renouvellement, des escarpins. — Non, ma mère, ce n'est pas la peine. Mes souliers de première communion sont en parfait état. »

Le lendemain, vêtu d'une belle robe (car les petits garçons portaient alors des robes jusqu'à six ans), ma robe géranium avec de si jolies broderies rouges sur soie écrue, botté de souliers mordorés et de fines chaussettes en fil d'Écosse, qui moulent si bien mon pied et ma jambe, je suis dans la chapelle des oblates toute illuminée, toute embaumée, toute parée de fleurs candides. Ma mère, qui porte une robe réséda à longue traîne, m'a placé près d'elle. Après la messe, nous voici dans un parloir où le déjeuner est préparé. Lili vient avouer que ses escarpins ont « *éclaté* » pendant la messe ; elle marche sur ses bas blancs. L'institutrice gagne en hâte la rue Férou et en revient avec une paire d'escarpins noirs que Lili chausse, désolée. Je trouvai que ces deux pointes sombres sous la robe de mousseline blanche faisaient très mal : « Maman, Lili a les pieds du diable ! » Je m'attendais à voir deux petites cornes sortir de l'innocent bonnet enserrant les cheveux auburn à reflets de flamme et d'or qui couronnaient le front si pur de Lili. Heureusement, rien n'apparut. Lili, à l'âme vive comme ses beaux cheveux, avait une peau lactée et des yeux d'un bleu vert, fiers, pénétrants, si doux ! Son cœur et son âme étaient à l'image mélangée de ses cheveux, de son regard et de son teint.

XVI

TOILETTE — RÉCEPTIONS — DÎNERS — UN GRAND DANGER

Lili fait ma toilette et me prépare une beauté. — Avec les cheveux tombent les illusions. — Ceux que nous aimions et ceux que nous n'aimions pas. — Joies dans la petite salle à manger. — Corvées mondaines. — L'horrible vengeance. — Les imprudences de Guiguite.

J'aimais Yette de tout mon cœur ; mais Lili, qui parfois me donnait quelque peur, avait toute mon admiration. Ne ressemblait-elle pas à l'Enfant Jésus peint sur le tableau de la chambre maternelle ? C'était elle souvent qui présidait à ma toilette quand je devais être présenté *mondainement*. « Ah ! Lili, fais-moi beau pour la princesse Stirbey, pour la comtesse de Puiseux ! » C'était les soirs où ma bonne me préparait mes plus belles robes. Lili examinait mes mains, me taillait et me polissait les ongles, ce qui m'était fort pénible et désagréable. J'avais l'impression d'avoir les doigts tout froissés, tout agacés. Lili se chargeait de ma coiffure. Alors j'avais des cheveux ; ils m'ont quitté, et pourtant mille illusions me demeurent encore. Peut-être n'y crois-je plus guère. Mais je me contente de leur signifier des huit jours périodiquement renouvelables.

J'avais bien envie de pleurer quand Lili s'escrimait à me coiffer. Ce peigne et cette brosse m'étaient très pénibles. Je devais affreusement grimacer. « Rien sans peine, me disait bravement Lili. Il faut souffrir, Jeannot, pour être beau. » Il est toujours aisé d'être vaillant pour ceux qui souffrent, et de railler leur lâcheté.

Parfois les invités de nos parents n'avaient pas l'heur de nous plaire. Les *grands* étaient nos informateurs ; par eux nous savions les noms des hôtes à qui, le soir, nous rendrions hommage. Passe d'endurer le supplice d'une toilette pour être présenté à ceux qu'on admire et qu'on aime. Mais supporter ce tourment en l'honneur de gens antipathiques, de ceux-là même qu'on a pris en grippe, cela dépasse les bornes de l'entendement et les limites de la patience.

Pourquoi prenions-nous telle ou telle personne en aversion ? Ah ! c'est chose difficile à expliquer. Les enfants ont des répulsions qu'eux-mêmes seraient incapables de raisonner. M'est avis que leur instinct, en général, ne les trompe pas. Je me défierai toujours de celui ou de celle que les enfants n'aiment pas.

Ces invités indésirables nous mettaient en colère. Non seulement il nous fallait souffrir le dur ennui de l'habillage, mais encore leur être présentés, sous la conduite des institutrices : Mme Grandjean et Mlle Barthe, et de M. l'abbé. Mon frère, collégien des Jésuites à la rue de Madrid, avait un précepteur à la maison. J'ai connu, dans ces fonctions, l'abbé Monlezun, dont la sœur fut aussi institutrice de mes sœurs. Elle entra plus tard au Sacré-Cœur où Yette l'eut comme compagne aînée au noviciat. L'abbé Monlezun finit sa carrière comme chanoine et vicaire général de Paris. Nous dînions, les jeunes, dans une salle avec précepteur et gouvernantes. C'était beaucoup plus divertissant que de partager le repas des *grands* : leur conversation est insipide, et force est de bien se tenir, les deux poings posés sur la table, quand on ne mange pas, sans s'appuyer au dossier des sièges, et dans un silence que seule une interrogation permet de rompre. Gouverneur et gouvernantes ne nous imposaient qu'à moitié, aussi nos rires, à demi étouffés, allaient-ils bon train. Au dessert, le maître d'hôtel nous jetait un froid : il nous annonçait notre entrée en scène. Ça, c'était le comble de l'horreur, l'abomination de la désolation. Songez, aller de droite à gauche autour de la table, saluer ces invités, entendre leurs compliments et recevoir d'eux, à l'occasion, quelque petit four ou quelque pâte de fruits ! Ces usages sont d'un temps aboli.

Misère ! j'ose à peine le conter, nous découvrîmes une vengeance : le crime fut-il perpétré pour la première fois rue Pérou ou plus tard seulement au 25 de la rue Saint-Guillaume ? Je n'ose plus rien affirmer ; les époques de ces hauts faits se brouillent en ma mémoire. Pour la rue Saint-Guillaume, mes souvenirs sont précis ; pour la rue Férou, je doute. Mais je vois fort bien la petite horde, Tété, Guiguite, Maimaine et moi, plus tard Marion, s'embusquer derrière une porte, puis opérer une irruption brusquée, s'engouffrer dans la salle à manger et cracher à bouche que veux-tu dans les assiettes des invités où s'étalait un savoureux potage (alors, le potage était servi d'avance). Francis, le maître d'hôtel (plus tard ce fut le rôle de Paul), et les deux valets de pied nous pourchassaient à qui mieux mieux : « Mlle Thérèse, Mlle Marguerite, Mlle Germaine ! M. Jean ! voulez-vous finir. Nous le dirons à M. le Vicomte. C'est affreux ! » Et nous de courir et cracher de plus belle. Une fuite éperdue... Un coup de cuiller dans les assiettes donné par Francis ou Paul réparait le désastre. Et jamais Francis ni le bon Paul n'eurent le cœur assez dur pour nous dénoncer à nos parents. Précepteur et institutrices furent laissés dans la même ignorance. C'est ainsi que, le diable nous poussant et Maimaine nous guidant — c'était elle l'instigatrice de ces beaux coups —, nous accommodions, en horribles petits sauvages, les savoureux consommés préparés par notre cordon-bleu. Je rougis de honte quand je rappelle ces exploits.

Autre souvenir *de nos chambres* qui me revient en mémoire. J'y étais seul avec Guiguite. Les fenêtres étaient grandes ouvertes ; dans le ciel tout bleu brillait un clair soleil. Je battais des mains à l'azur et à la lumière. Guiguite me prend dans ses bras ; elle s'appuie au bord de la fenêtre et me suspend dans le vide pour que je respire l'air pur à pleins poumons. Quelles délices d'être ainsi entre ciel et terre ! J'agite bras et jambes et j'envoie des baisers au soleil, oublieux pour un temps de ma préférence pour la *dame blonde* (c'est ainsi que je nommais la lune).

En face, des gens aux fenêtres s'agitent, font des signes désespérés. Guiguite et moi, sans comprendre leur effroi, nous rions de les voir gesticuler ainsi. Notre bonne arrive, me saisit et me pose à terre. « Oh ! mademoiselle Marguerite, quelle imprudence ! Monsieur Jean aurait pu tomber ! » Et la pauvre chère bonne, toute pâle, tremblait de tous ses membres. Guiguite n'y comprenait rien. Elle était si fière de présenter son frérot au soleil ; et j'avais tant goûté ce jeu ! Depuis, je me suis mieux expliqué la joie que nous ressentions : il n'y a à valoir la peine d'être joués que les jeux où se mêle le délicieux goût du danger. Il faut braver la mort pour sentir la saveur plénière de la vie. Je dus me croire un héros ce jour-là.

XVII

VILLÉGIATURES D'ÎLE-DE-FRANCE, DE PROVENCE ET DE FOREZ

Morangis et ses oblates. — Le parc et ses statues. — Petite tasse et grand bol. — Le hanneton de Maimaine : « C'est par là... » — La Fête-Dieu. — Fou rire à la procession. — Les Caisergues. — Pipi sur table ! — Les agneaux et leur berger. — Saucisson à l'ail. — Le chien Castellan. — L'inondation. — Bains dans l'Hérault. — Tout nu sur le sable chaud. — Un train passe. — Bourg-Argental et Lupé. — Le tombeau familial. — « Ça sent le mort. » — La Vigne, ses pommes de pin et ses boiseries. — Les dames déesses. — Les vacances d'un jeune homme sage. — « Bonjour, écrevisse ! » — L'Éminence et le crottin. — Le protocole de l'oncle Octave. — Monsieur de Bayard. — Un pied en l'air. — La dignité de notre tante. — Les deux pianos. — Les dettes du neveu ou l'huissier au château. — Noblesse provinciale. — Les funérailles de ma tante. — Vies et morts.

Nos étés, et parfois nos printemps, se passaient à la campagne. Je garde de ces années le souvenir de quatre lieux bien divers : Morangis, les Caisergues, Bourg-Argental et Nuits.

Morangis était alors un tout petit village d'Île-de-France. Les oblates de Saint-François de Sales y possédaient une vaste propriété que gouvernait une religieuse, Sœur Marie-Édouard. Sœur Marie-Édouard m'apparaissait vieille, très vieille, sous son béguin. Une année ou deux, nos parents envoyèrent là toute notre bande, à Pâques, avec une institutrice et notre bonne. J'aperçois dans un dessin peu précis la grande maison et le parc dont les bosquets enfermaient de saintes statues toutes blanches et sans beauté. Je couchais dans une vaste pièce aux rideaux de cretonne et au papier semé de roses. Ma bonne dormait dans la même salle. Je me réveille, il fait grand jour, mon petit lit est tout proche la fenêtre. Sœur Marie-Édouard et ma bonne sont penchées sur moi. Elles me présentent un grand bol blanc et une petite tasse ornée de dorures et de fleurs. « — Mon petit, dit la sœur, voulez-vous le bol ou la tasse ? — Oh ! la belle tasse, la belle tasse, Sœur ! » Le lait blanc et crémeux tombe dans la petite coupe. Ainsi je n'eus qu'une ration réduite.

Les bonnes heures que nous passions, assis sur la vaste pelouse, à regarder les papillons voler de fleur en fleur ! Et les courses aux hannetons, où je m'escrimais avec Maimaine ! Les beaux sommeils à l'ombre des grands arbres ; la poursuite des sauterelles ; la fabrication des petits paniers façonnés avec des herbes qui demandait de la patience et de l'habileté à mes doigts minuscules.

Un jour Maimaine saisit un hanneton dans sa menotte. Elle me le présente, orgueilleuse de sa capture. Son index gauche me montre l'arrière-train de la bestiole : « Jeannot, c'est par là… » J'ai saisi le hanneton ; j'ai couru vers ma bonne ; j'ai renouvelé le geste et la phrase de Maimaine. Comme je riais tout essoufflé ! Mathilde, elle, a blêmi. Elle a saisi Maimaine et moi et nous a entraînés jusque vers Sœur Marie-Édouard. Elle lui a tout déclaré. Sœur Marie-Édouard nous a prêchés sur les paroles malsonnantes. J'ai oublié le sermon et j'ai retenu le gros mot. Peut-être que si Mathilde s'était tue j'eusse oublié la leçon de choses donnée par Maimaine. Où donc les enfants bien élevés apprennent-ils les mauvais usages et la langue verte ? Quel rude métier que de les élever !

C'est le jour de la Fête-Dieu. Nous avons revêtu nos plus beaux habits. Notre petit bataillon est aligné le long des maisons qui bordent la grand'rue. Devant moi, la grille du château. Un crime s'y est commis. Je sais cela vaguement. Cette demeure est marquée d'un signe redoutable. Le propriétaire, le comte de… (j'ai oublié son nom), n'y vient plus. Un régisseur gouverne le domaine. De l'avis commun, c'est un fieffé gredin. Il a semé du blé jusque dans la cour d'honneur dont il a défoncé le sol. Le froment encore vert frissonne au souffle du vent. Elles sont bien jolies, ces herbes souples, chevelure fraîche de la terre ! Et ma surprise fut grande quand, deux mois plus tard, je retrouvai les tiges devenues des épis d'or, avec mille coquelicots et mille bleuets. Le spectacle a marqué mon esprit pour toute ma vie. Quand je vois un champ où ces fleurs ne parent pas la moisson, je me demande pourquoi le laboureur n'a pas semé, avec son blé, des coquelicots et des bleuets.

La rue est tout ornée de draps blancs où s'épinglent guirlandes et bouquets. Une bonne femme en retard sort de sa maison. Elle ne sait par où passer, car les tentures villageoises ne lui offrent pas d'issue. Elle tâte ici et là, et c'est très amusant de voir son corps se dessiner sur les draps. Guiguite, Maimaine et moi, nous pouffons de rire. Sœur Marie-Édouard et Mathilde nous tancent : « Soyez sages, petits, le bon Dieu va passer. » Nous étouffons nos rires ; en vain, et je dis tout haut : « Petit Jésus, n'est-ce pas, vous n'êtes pas fâché parce qu'on rit ? » Bien sûr qu'il n'était pas fâché. Le rire des enfants, ce doit être pour Dieu la plus belle des prières.

Les Caisergues sont loin, très loin, au bout de la France, sur les bords de l'Hérault. Le domaine vient de ma tante Valérie de Valleton, la belle-sœur de mon père, la femme de son frère aîné. Je n'en garde que cinq souvenirs. Mon oncle me voulut un jour à sa table. J'étais huché sur une très haute chaise, je dominais le service. Hélas ! un accident m'advint comme il en arrive aux enfants. J'inondai non seulement mes petites culottes et ma robe, mais aussi la nappe ; je fus promptement enlevé. Une telle humiliation me hante encore.

Voici les troupeaux de moutons ; une gentille clochette au cou. Je chéris les agneaux, et j'aime à passer mes menottes dans leur laine. Le berger est vieux ; très bègue. Il tient sa houlette ; un grand chapeau abrite sa tête. Comme il me semblait majestueux, ce pasteur pourtant très peu virgilien ! J'aimais Viala (c'était son nom) de tout mon cœur. Il me le rendait bien. À l'un de nos départs, il fut si désolé quand il vit, de loin, s'ébranler notre voiture, qu'il en abandonna son troupeau pour s'élancer jusque vers nous. Il réussit à rejoindre la voiture ; il court derrière elle ; il m'appelle, en balbutiant les plus doux noms. Mon cœur se fendait de douleur. Il était si bon pour moi, et les agneaux qu'il me portait m'étaient si chers. Un jour (comment fit-il pour tromper la surveillance de ma bonne vigilante ?), il réussit à me donner une tranche de saucisson. Ce fut un beau vacarme. Je fus fouetté pour avoir accepté ; le saucisson m'en parut plus délicieux. Et pourtant il était sûrement à l'ail, à l'ail dont j'ai, depuis toujours, une sainte horreur. Est-ce à cette fessée que je la dois : petite cause, grand effet.

Viala avait un chien, un beau chien de berger qui répondait au nom de Castellan. J'intéressais Castellan beaucoup plus que ses moutons. Dès que ma bonne me promenait, Castellan accourait. Mathilde ne se hasardait point à s'interposer entre Castellan et moi-même. Si Mathilde inspirait de la terreur à Viala, Viala était bien vengé par Castellan. Castellan me fêtait ; tous deux nous roulions sur l'herbe, et quels beaux jeux ! Un jour Mathilde, dans sa frayeur, appela Castellan « Vilain chien ! ». Ce jour-là j'ai battu ma chère Mathilde. Décidément, si Mathilde était ma bonne, Castellan était mon frère.

Un dimanche, dans le grand break, je suis parti pour la messe avec toute la maisonnée. De l'église et de l'office, je n'ai rien retenu. Mais ce que je sais fort bien, c'est que le voyage du retour fut mouvementé. L'inondation était venue, rapide, et avait coupé la route. Tous grimpèrent sur les banquettes ; j'étais dans les bras de ma bonne : l'eau traversait le break qui luttait mal. J'eus grand'peur ; mais nous revînmes au port, je veux dire à la maison, puisque j'écris ces lignes.

Le break nous conduisait au bord de l'Hérault. Là nous prenions des bains dans la claire rivière. Tous, en longue chemise, nous y faisions des rondes. Puis les petits s'étendaient sur le sable chaud de la grève. Pourquoi les chemises dans l'eau et le *nudisme* sur la plage ? Mystère. La voie ferrée passait tout près de nos baignades. Nous interrompions notre bal de jeunes tritons et de tendres naïades pour envoyer des baisers et saluer de la main les voyageurs que nous apercevions aux fenêtres des trains.

Notre oncle possédait un châtelet moderne à Bourg-Argental en Forez, à vingt-cinq kilomètres de Lupé. Lupé est un délicieux village sur la pente des monts qui dévalent du Vivarais vers le Rhône, au bord d'un sauvage ravin que dominent un corps de garde et les ruines romantiques de sa tour. Après la Révolution qui rasa les tours, le frère aîné de notre grand-père installa des religieuses dans le vieux château. Mais Lupé demeure notre pays d'élection, et c'est là qu'à leur mort vont dormir les nôtres dans le caveau qui sert de piédestal à la grande croix du cimetière. À part Souvigny, je ne connais pas de lieu qui me tienne au cœur comme notre Lupé où la nature est rude et accueillante, où les gens sont d'une brutale franchise, mais si bons, tout d'une pièce, tels que nous nous représentons les beaux manants du Moyen Âge, qui donnaient de si vaillants hommes de guerre, solides dans leurs idées, fidèles aux traditions, respectueux sans bassesse, et fiers sans prétention ni vanité.

Bourg-Argental est tout différent de Lupé : ville d'industrie, mais pittoresque, habitants plus mêlés et plus divisés par les opinions partisanes. J'étais très intrigué dans l'église par le vitrail qui, à gauche, près du narthex, représente saint Mayol. Au-dessous s'élève le monument funéraire des Mayol antérieurs à la possession de Lupé. Je m'expliquais mal ce tombeau en forme de porte ; je pensais que nos aïeux étaient placés tout debout dans le mur ; et on conçoit mon étonnement. Un jour je réussis à mettre mon petit nez dans la fente de la pierre. Sur quoi je déclarai : « Maman, ça sent le mort ! » Comment de telles idées macabres naissent-elles dans les petites cervelles des bébés ?

Le châtelet de Bourg-Argental, le château de la Vigne, s'il vous plaît, est une maison massive, carrée, avec une tourelle en briques que les bourgeois du cru nomment irrévérencieusement : la seringue. Cette demeure médiocre me paraissait seigneuriale. Mon oncle fit surmonter chaque barreau de la grille qui forme l'entrée du petit parc d'une pigne héraldique. Ce rappel de nos armes m'emplissait de vanité. Ah ! saint Augustin a bien raison : les âmes des petits sont, dès leur naissance, enclines au péché ! Le grand salon possède de vieilles et superbes boiseries où les dames de Mayol qui vécurent au XVIIe siècle sont portraiturées avec des attributs mythologiques. Je les nommais toutes et chacune par leur nom, sans me tromper. Mon oncle m'en aimait davantage.

Ce modeste domaine me remémore toutes les histoires qu'entendit mon enfance. Vous en retrouverez bon nombre dans le charmant livre d'Henri de Régnier : *Les Vacances d'un jeune homme sage*. Car Henri de Régnier est venu à Bourg-Argental. Son grand-oncle, Jules de Curley, était notre oncle à la mode de Bretagne ; il y est peint au vif, ainsi que sa seconde femme, Claire de Valleton. Si Henri de Régnier avait voulu tout conter, il y serait encore.

Ma sœur Valérie, Lili, filleule de l'oncle Octave et de la tante Valérie, fut dressée à jouer un tour au cardinal Donnet, enfant de Bourg-Argental, et qui y demeurait chaque année en été. Comme il venait un jour déjeuner à La Vigne, Lili (elle avait trois ans) salua l'Éminence d'un fort peu respectueux : « Bonjour, écrevisse ! » par allusion à la soutane rouge que l'archevêque de Bordeaux aimait à porter, au mépris des règles, même quand il ne revêtait point le rochet. Joie du cardinal ! Il combla Lili de caresses et de bonbons.

Je sais aussi qu'en une circonstance où mon oncle, très porté sur l'étiquette, multipliait les *Éminence* : « Votre Éminence daignerait-elle ? Votre Éminence a trop de bonté. Votre Éminence nous accorderait-elle la faveur ? » le bon cardinal coupa court aux formules : « Monsieur le Comte, par grâce, un peu moins d'Éminence ; laissons dormir la troisième personne. Vous voulez voir en moi le prince de l'Église ; mais moi je n'oublie pas que mon grand-père ramassait à Lupé le crottin laissé par les chevaux du vôtre. » En fait, l'aïeul du cardinal avait été intendant à Lupé. Sur quoi mon oncle, jamais en reste, de répliquer : « Éminence, la fidélité qu'eut votre grand-père pour les nôtres me donne d'autant plus d'honneur à être le plus humble de vos serviteurs. » Comme en ces temps-là les belles manières avaient de grâce ! Comme le bon ton avait d'esprit ! Un demi-siècle nous a fait perdre beaucoup en argent, finesse et courtoisie. La dévaluation n'a pas seulement frappé la monnaie.

Notre oncle, homme de dignité s'il en fut, et hors concours pour le respect aux traditions familiales, était d'une originalité peu commune et féru de noblesse comme le duc de Saint-Simon l'était de duché-pairie. Il ne rendait guère de visites par crainte de ne point recevoir les hommages qu'il estimait lui être dus. Par contre, il dépensait pour les travailleurs, les humbles, au-delà de ses revenus, recevait ses fermiers à sa table et nous faisait tutoyer par les fils de ses gardes, car, disait-il, « nos pères en ont toujours usé ainsi avec leurs vassaux ». Malgré son embonpoint, il dansait avec la mariée et avec les paysannes aux noces villageoises, et il voulait que sa femme agît semblablement avec les fermiers. Je pense qu'il devait ressembler à l'un de ses devanciers, M. de Mayol de Bayard, le mousquetaire, qui roua les bourgeois de Bourg-Argental, coupables d'avoir regardé d'un œil insistant, à la sortie de la grand'messe, la belle Mme de Bayard, son épouse, et voulut caresser de sa canne M. le Juge d'armes d'Hozier qui lui en garda solide rancune. Hozier avait contesté les mémoires du mousquetaire sur la noblesse de sa race, d'où une interminable et savoureuse correspondance, conservée dans nos archives. M. de Bayard finit, heureux, ses jours parmi les paysans vivarois d'Éclaran, au château des Prés, demeure ancestrale de nos cousins La Roque du Pont de Munas, à la maison desquels appartenait sa femme.

Notre tante Valérie supportait avec une extraordinaire résignation les lubies de notre bon oncle. M. de Valleton, son père, avait-il commis quelque incorrection envers son gendre : « Je ne puis punir votre père, disait notre oncle, mais justice se doit accomplir. Vous payerez donc pour lui. Montez trois marches de l'escalier. Levez la jambe droite. Restez ainsi. » « Octave, je n'en puis plus », déclarait notre tante à son mari assis dans un fauteuil au pied de l'escalier. « Eh bien ! posez le pied droit sur la marche, levez la jambe gauche. » Et le jeu continuait jusqu'à ce que fussent écoulées les minutes fixées par le justicier.

Plus tard, quand elle fut veuve, ma tante a continué à vivre seule, dans Bourg-Argental, une vie austère et de haute dignité qu'interrompaient quelques voyages en Italie, quelques séjours chez des parents ou d'intimes amis. Par respect pour la mémoire de son mari, elle voulut garder une retraite altière. Elle présidait toutes les œuvres et les confréries. Ses revenus avaient été amples, mais fondaient avec le malheur des temps, sans avoir raison de sa charité. Ses meilleures distractions étaient la broderie pour l'église, le tricotage pour les pauvres et la musique. Son salon comportait deux pianos, l'un à droite, l'autre à gauche. Chaque après-midi elle donnait une heure à son instrument favori. Les jours pairs au piano de droite ; les jours impairs au piano de gauche. Advint un cataclysme : un neveu, trop beau pour n'être point fol, avait reçu de notre oncle la nue-propriété du domaine. L'oncle et la tante en gardaient le seul usufruit. Le neveu mit hypothèque sur son bien, et négligea de payer les intérêts, comme il sied à un fringant officier de la légère. Tandis que Mme la comtesse douairière s'évertuait sagement au piano de droite ou de gauche, la porte s'ouvrit, et qui fut annoncé ? l'huissier ! Catastrophe ! l'huissier au château ! Indignée, la tante s'avança dans la galerie pour demander à l'insolent la raison de sa présence, et quelle audace le poussait. L'huissier chez elle, mais c'était le déshonneur, la honte, la révolution, en un mot, la fin de tout.

Les frasques juvéniles du neveu, l'hypothèque, les intérêts impayés furent découverts à la tragique lecture du papier timbré. La tante paya rubis sur l'ongle. Mais elle n'oublia jamais, et son pardon ne vint qu'après bien des années et bien des luttes contre elle-même, quand le neveu, marié, père de famille, devenu sage, eut dépouillé le vieil homme qui, trop souvent, ne meurt que quand l'homme a perdu le pouvoir de ses charmes.

Je ris et, sans doute, j'ai grand tort. Ces existences avaient, dans leurs travers et leurs étroitesses, leurs grands côtés. Notre oncle a passé son temps à mettre en ordre nos archives familiales : s'il avait quelque orgueil et quelque vanité, il fut un vrai gentilhomme, et consentit allègrement tous sacrifices pour que son nom fût respecté.

Dans sa petite ville, dans son coin de province, les petits le vénéraient et l'aimaient, qu'ils fussent rouges ou blancs, catholiques ou anticléricaux.

La tante, hors son piano, a vécu l'aiguille à la main, ouvrière sans trêve des sacristies et des pauvres. Ses rentes s'étaient amenuisées ; elle n'en travaillait que davantage pour pouvoir donner, comme si elle était encore riche. Quand elle mourut, tous vinrent rendre un dernier hommage à Mme la Comtesse, maternelle à toutes les misères. Je n'oublierai jamais la froide journée de ce glacial janvier où se déroulèrent ses funérailles à Bourg-Argental et à Lupé : une vraie scène du Moyen Âge. Le maire de Lupé conduisait le deuil ; les conseillers municipaux portaient la bière ; le clergé du canton rendait les honneurs liturgiques. Nous avons alors mieux compris la grandeur d'âme et la hauteur de cœur qu'avait montrées une femme dont la crainte de pécher lui permettait la seule lecture des romans de Pierre l'Ermite ou de Zénaïde Fleuriot. Encore, avant de les ouvrir, prenait-elle l'avis de son directeur. De telles vies, de telles morts portent avec elles de graves, de sereines leçons.

XVIII

VILLÉGIATURE DE BOURGOGNE

Nuits-Saint-Georges : Nuits-sous-Beaune. — Le mariage de notre grand-père. — Une lettre de jadis. — Entrevues compliquées. — Une démission. — Accident mortel. — Fidèles au roi. — Vauban et ses deuils. — Le petit oncle et les petites tantes. — Portraits de famille. — Le beau départ. — Le voyage. — Tapis sur les coteaux. — Mœurs simples. — La fumée et les nuages. — La grosse *bébête*. — La baleine du Muséum. — L'arrivée. — Souvenirs bourguignons. — « Maman, que c'est beau, le ciel ! » — Apparition dans l'allée du mur. — Radeau en péril. — Le bain forcé. — Arbres, fleurs, pêches miraculeuses et fruits. — La maraude dans les vignes. — Le fruitier et les petits *apaches*. — Assaut contre les gâteaux. — « Pleure pas, Yéyette ! » — Le cirque. — « Que mes sœurs soient sages-femmes ! » — Sansandre croque-mort. — L'humilité de Thérèse. — Représentation de gala. — La grenouille. — Jeunes *cabotins*. — Les costumes de Caroline. — La baronne Lili ; Yéyette l'aubergiste. — Jeannot et sa maman. — Robe et couronne de mariée. — Mac-Mahon. — « Combien de pattes ? » — Les petits saint Jean devant l'âtre. — La Serrée.

Nuits-Saint-Georges, c'est le nom d'un gros bourg en Bourgogne, célèbre par ses vins et les vieux dictons qui se gaussent du terroir et des habitants. Quand j'étais enfant, le pays s'appelait Nuits-sous-Beaune. Mais les Nuitons n'aiment pas les Beaunois, qu'ils traitent d'ânes batés sans souci de la politesse. Ce « sous Beaune » leur était humiliant. Le président Carnot, un Bourguignon lui-même, mit bon ordre à cette incongruité : Nuits ne fut plus « sous Beaune », ce qui lui était intolérable, autant qu'il l'est d'être « Inférieure » à certaine Charente qui veut devenir maritime de nom, comme elle l'est par ses côtes.

Notre grand-père, un cadet très cadet, avait trois aînés, il avait épousé l'héritière jolie à ravir d'une ancienne famille bourgeoise qui, depuis quelques siècles, avait à Nuits pignon sur rue. Je voudrais vous citer les lettres échangées entre le futur beau-père et le futur gendre :

« Monsieur, je sais que vous êtes l'honneur même, comme il sied à tout officier du roi. C'est donc à vous-même que je m'adresserai pour avoir des renseignements sur vous. Êtes-vous joueur ? Avez-vous des dettes ? N'avez-vous point quelque liaison ? Avez-vous de la religion ? Êtes-vous de tempérament jaloux ? Quel est votre physique ? »

Et les réponses :

« Monsieur, j'ai entendu dire que j'étais d'un tour avantageux. J'ai contracté la petite vérole et j'en ai gardé des marques. C'est aujourd'hui la première fois que j'y pense et que j'en ressens du regret. Adonné très jeune à l'état militaire, j'ai connu malheureusement les écarts des vingt ans, mais je n'ai jamais failli à l'honneur. Encore que j'aie subi les influences qu'exerce sur la jeunesse la vie des camps, j'ai toujours honoré la religion ; je ne me sens d'aptitude à être jaloux qu'autant que l'exige un véritable amour. »

Mon Dieu, comme alors chacun savait guider sa plume ! Le bon temps où l'on ignorait les métèques et où les Français savaient le français.

Le mariage se fit après des fiançailles qu'accompagna tout un cérémonial fort compliqué : car il fallait que l'officier vînt voir sa prétendue et que tous deux s'agréassent l'un l'autre, sans donner prise à la curiosité. Mais un commandant d'artillerie, et de la garde royale ! Comment cacher sa venue dans *notre petite ville* et éviter les ragots, suite redoutable d'une telle visite ? Les noces furent conclues, et malgré la différence d'âge considérable, les deux époux s'aimèrent tendrement.

EN BOURGOGNE

Mon grand-père avait demandé un congé provisoire qui aboutit à une démission : il ne se sentit pas le courage de demeurer dans une armée dont Louis-Philippe était, de par l'usurpation, devenu le chef sans prestige et sans gloire. Et comment servir sous le drapeau tricolore ?

Un accident cruel rendit ma grand'mère veuve au moment où elle se préparait à accompagner son époux en Autriche, pour y faire sa cour au roi légitime et à la fille de Louis XVI. Mon grand-père nettoyait ses pistolets d'arçon. L'un d'eux était chargé. Une pression sur la détente ; le coup partit : et mon grand-père fut blessé à mort. « Nos Augustes Princes », comme on disait, avaient un autel dans chacun des cœurs de notre vieille demeure nuitonne. Mon arrière-grand-père (le père de ma grand'mère) ne mettait rien au-dessus de sa décoration royale : l'*Ordre du lys ou de la fidélité*). Mon grand-père, qui, de par la loi, avait dû accepter les fonctions de capitaine pour la garde nationale de Nuits, se proclamait hautement *carliste* dans les journaux locaux ; mon grand-oncle, le lieutenant-colonel Zéphyrin de Mayol de Lupé, dragon de la Garde, avait accompagné le roi Charles X jusqu'à Cherbourg. Mme la Dauphine, je l'ai conté, lui avait donné, avant de monter sur le navire de l'exil, un bouquet de roses. Ces roses, chacune pieusement encadrée, furent distribuées à tous les membres de la famille. Je vois toujours le cadre de velours bleu de roi où s'insérait une de ces fleurs desséchées : *Rose donnée à M. de Lupé par Mme la Dauphine à son départ de France*, mais j'ai déjà parlé de ce cadre et de cette rose.

Mon grand-père avait acheté le château de Vauban. Il s'y retirait avec sa femme de temps à autre. Ils y perdirent trois jeunes enfants dont j'appris les noms en même temps que je commençais à parler : nos petits oncle et tantes Ernest, Hélène, Marguerite.

Un buste en terre cuite nous conservait les traits charmants de l'oncle Ernest.

Nos grands-parents ne purent supporter de vivre à Vauban, qu'assombrissaient tant de deuils. Ils vendirent cette terre, et la bande noire démolit le château.

Comme on savait pratiquement alors ce qu'était la famille et la mémoire des morts !

Bébés encore, nous connaissions l'histoire de notre domaine nuiton, acheté en 1797 par notre trisaïeul, M. Granger, qui l'avait passé à son gendre, M. Fortuné Janniard, et que Mlle Janniard, notre grand'mère, avait porté dans notre maison. Les portraits de M. Granger, assis dans le parterre qui entoure notre demeure ; de M. Janniard, en longue redingote verte, à l'œil si clair, à la figure si intelligente et bonne, « le père des pauvres », comme le désignait la voix publique ; de Mme Granger, avec son inséparable petit chien et sa ruche de dentelles ; de notre grand'mère de Mayol de Lupé, si jolie, si tendre, à dix-huit ans, à trente ans, à cinquante ans ; les tableaux de tous ces êtres que je n'ai jamais connus, tous morts dans les temps antérieurs à ma naissance, je les ai eus dans une telle familiarité qu'ils ne me semblaient pas représenter des ancêtres. Ceux qu'ils figuraient me paraissaient encore habiter la maison. Ainsi s'établissait la chaîne de la tradition. Nous nous y attachions, comme un nouvel anneau lié à ceux qui, un à un, se sont joints les uns aux autres et forment la chaîne. C'est ainsi qu'on appartient réellement, par le cœur et par l'esprit, à un pays, à une terre, à une famille.

Chaque année, l'été venu, toute notre *smalah* se rendait à Nuits-Saint-Georges. Maîtres et serviteurs, les enfants, les précepteurs, les institutrices s'installaient dans les voitures (je vois encore confusément un omnibus où j'avais pris place près de ma bonne), et en route pour la gare de Lyon. Le long voyage ! Aux arrêts, avec mes jeunes sœurs, nous poussions de toutes nos forces la paroi du compartiment pour forcer le train à reprendre sa course. Quel enchantement, cette fuite à travers la campagne et les bois ! Comment oublier la danse des fils télégraphiques qui montaient, descendaient, s'enchevêtraient tout le long de notre passage ? Les champs au flanc des coteaux, noirs, verts, jaunes, dorés des fleurs du colza, bleus des fleurs du lin, rouges des trèfles incarnats, c'était pour moi des déroulements de tapis pour le plaisir des yeux. Ne riez pas ; j'étais persuadé que je contemplais de belles tentures, mises là sinon par les paysans, du moins par les anges du bon Dieu.

À Dijon, grand branle-bas ; il fallait changer de train. Que les wagons d'alors nous sembleraient incommodes ! En ce temps, il fallait rester bien sagement assis toute la durée du trajet. Les couloirs, les cabinets de toilette étaient parfaitement inconnus. Quand il était nécessaire, il n'y avait qu'à lever le tapis du compartiment et les petits enfants arrosaient tranquillement le plancher de la voiture. Rien n'était plus simple, ni plus expéditif. Il y avait malheureusement des opérations plus compliquées.

D'ailleurs, tout sur le chemin de fer m'apparaissait merveilleux : les locomotives, leur sifflet, la vapeur qui s'échappait mugissante en gros nuages (j'étais persuadé que c'était elle qui allait former les nuées du ciel). Mais ma grande stupeur, c'était la bielle de la machine à vapeur, dès qu'elle se mettait en mouvement : tch, tch ; tch, tch : « La bête ! m'écriai-je ; la grosse bête ! » Et j'en avais si peur que je poussais les hauts cris s'il fallait passer devant elle. Je pense que trois gros effrois de mon enfance furent les sphinx de l'hôtel L'Escalopier, la bielle des locomotives et la baleine figurée du Muséum. À ses belles couleurs, je l'estimais bien en vie et toute prête à m'avaler comme un nouveau Jonas, de taille plus aisée à engloutir que le prophète de Ninive.

Enfin notre troupe débarquait à Nuits. Transports de bonheur ! L'antique demeure me semblait un superbe château ; le clos, un parc royal ; les pièces, des salles magnifiques. Aujourd'hui mes yeux voient plus juste et mon esprit apprécie plus exactement les choses. Mais Nuits me demeure cher, comme à tous les nôtres, et le logis de nos pères ramène en mon esprit le vers de Joachim du Bellay :

Qui m'est une province et beaucoup davantage.

La Bourgogne n'est pas l'Anjou ; et je n'ai d'ailleurs nul droit de me dire Bourguignon, puisque je suis né à Paris et que nous appartenons à notre beau Forez. Mais j'ai des liens puissants et forts qui m'attachent au Dijonnais. Mon père, mon frère, mes six sœurs ont vu le jour à Nuits. Ma grand'mère et ses ancêtres sont nés, ont vécu, sont morts sur ce terroir ; ils y dorment leur dernier sommeil. C'est là que j'ai connu de radieux étés et de doux automnes. La vieille maison grise m'est toute remplie de souvenirs. Chaque arbre, chaque brin d'herbe éveillent en ma mémoire un être aimé, une aventure, un événement, grand ou petit. Les vignes me content mille histoires, et dans les allées je retrouve la trace des pas anciens. J'y ai pleuré parfois ; mais que de bonheurs j'y ai connus ! Un arbre qui tombe, un bosquet disparu, une vigne arrachée sont à mon cœur de cruelles blessures.

Je me vois, un soir, assis sur les genoux de ma mère dont le fauteuil a été placé sur la pelouse. Il fait très doux ; c'est la nuit. Le ciel est tout semé d'étoiles. Je les contemple et mon cœur se gonfle d'admiration. Mon Dieu vous habitez là-haut, derrière cette voûte d'un bleu noir que fixent ces clous d'or ! « Maman, que c'est beau, le ciel ! Je voudrais mourir pour y aller. » Ma mère me presse tendrement contre son cœur. Les petits aiment la vie, et la mort ne leur donne point peur. Idéal passionné dans l'âme d'un enfant !

Un jour j'étais tout seul dans l'allée du mur. Le ciel était couvert de nuages. Dans ce gris un grand ovale bleu apparaissait. Cette fenêtre sur l'azur me fascinait. Je contemplais cette déchirure par laquelle se montrait ce pan de manteau royal. J'étais tout admiration. J'aurais voulu crier mon enthousiasme. C'était si beau que je me suis mis à genoux pour mieux contempler cette splendeur céleste. Il me semblait qu'une divine vision allait surgir. Il fallut la venue de mes jeunes sœurs pour m'arracher à mon extase. Je voulus leur expliquer, mais elles ne me comprirent pas. Ce fut la première fois que je sentis combien il est difficile de communiquer aux autres le mystère dont parfois est effleuré notre être. Je devinai, en ce moment, qu'il est des émotions nécessairement secrètes : les exprimer serait les profaner.

Et que de joies ! Que de belles parties ! Nous avions un radeau rustique sur la pièce d'eau, fait d'une planche à passer le vin. Nous nous embarquions sur cet esquif ; et mon frère nous conduisait au grand large. Nous abordions dans l'île où, parmi des arbustes, s'érigeait la maison des canards. Je rêvais d'être ermite dans cette petite demeure. Un jour les grands persuadèrent à notre institutrice d'accomplir avec nous cette croisière. Ils avaient préparé une magnifique aventure. Ils s'arrangèrent pour que l'esquif prît l'eau ; et ce fut le naufrage. Nous étions tous en costume de bain, sauf l'excellente Mlle Groffier, qui remplaçait cet été nos gouvernantes en congé. Nous en pensâmes mourir de rire. La si bonne vieille fille (elle avait bien trente ans, un grand âge pour nos jeunesses) était elle-même enchantée de son effroi. Ses cris de désespoir alternaient avec ses accès d'hilarité.

Je n'ai rien oublié : le grand acacia avec ses longues épines que nous tressions pour faire des couronnes semblables à celle du Christ en croix ; les tapis de pervenche ; les pêches au filet où parfois quelques gros brochets se laissaient prendre parmi des carpes veloutées et des tanches frétillantes et dorées ; les vastes marronniers à l'ombre desquels venaient jouer les lapins ; le néflier qui se mirait dans l'eau et dont les fruits, que nous appelions, avec tant de plaisir, culs de singe, nous étaient délectables. Ah ! ces fruits ! qu'ils étaient délicieux et que de dérangements d'estomac ils nous ont procurés ! Nous allions en cachette à la cueillette des poires, des pommes, des pêches, des prunes, des abricots, des mirabelles, et comme nous ne pouvions avaler toute notre récolte, nous avions élu des massifs de broussailles où nous disposions dans des caisses nos provisions. C'étaient nos réserves secrètes.

Le clos était planté de vignes ; un parc boisé, où serpentait une rivière, le terminait.

La terre des vignes est grasse et rougeâtre. Défense expresse nous était intimée de pénétrer dans le domaine des ceps. Mais allez donc obtenir la discipline de notre armée turbulente ! La tentation était trop forte. Nous voilà, les petits, échappés à la surveillance, courant entre les plants. Nous nous installons chacun devant le pied le plus chargé de grappes que nous pouvons découvrir. « Oh ! Maimaine, j'en ai un ; il est tout plein de raisins ! » Les coliques nous prenaient rapidement, avec une telle cure. L'endroit est propice, et, sans quitter la place, nous modifiions seulement la posture, nous cédions à la nécessité sans cesser de satisfaire notre gourmandise. Seulement, pendant ces instants, nous prenions les grappes les plus basses. Il faut savoir penser à tout.

Notre sœur aînée avait charge, dans la maison, du fruitier et de la pâtisserie. Le fruitier était au rez-de-chaussée, près du grand escalier. Il fleurait bon le fruit mûr, une odeur délicieuse de pommes reinettes, de poires duchesses. Et là-haut les gros raisins muscats se montraient magnifiques, pendus par la queue. Ma mère avait commandé des plants en Calabre, où notre grand-père possédait une *tenuta* (Girifalco est perdu dans les monts qui vont de Cantazzaro vers Reggio).

Quelles ruses d'apaches nous employions pour violer l'entrée du fruitier ! Yéyette seule en possédait la clef et en défendait l'abord, tel le chérubin dont l'épée flamboyante fermait le paradis terrestre.

Chère Yéyette, un jour elle rapportait de l'office tout un éventaire de gâteaux, massepains, meringues, destinés à je ne sais plus quel goûter, déjeuner ou dîner. Les friandises s'étalaient sur une claie d'osier recouverte d'une serviette toute blanche.

Maimaine surveille le transport. Elle groupe Tété, Guiguite et moi. Elle dresse le plan ; nous nous embusquons derrière une porte. Maimaine épie, blottie derrière une vitre. Yéyette traverse la cour ; des deux mains elle maintient la précieuse claie. La voici ; nous bondissons comme de jeunes Hurons, en jetant notre cri de guerre. Les gâteaux s'engouffrent dans nos petites bouches dilatées. « C'est très mal », gémit Yéyette, qui ne peut défendre son trésor. « Je le dirai à maman. Vous serez tous fouettés. » Qu'importe ! qu'importe ! les gâteaux sont si bons, et c'est si délicieux, ce rapt, ce vol, cette conquête ! Nos lèvres, nos petits nez sont barbouillés de crème. C'est un délice. Mais voici Yéyette qui pleure. Consternés, nous arrêtons le pillage :

« Pleure pas, Yéyette ; pleure pas. Nous ne le ferons plus. Nous t'obéirons toujours, ma Yéyette ; pleure pas, chérie. » Et nos baisers étanchent les larmes de la grande sœur. Elle pose la claie ; nous grondant ; nous embrassant ; comptant les gâteaux, les espace un peu pour que la claie soit bien remplie ; essuie nos frimousses : « — Enfin, pour cette fois, méchants petits, je ne dirai rien. — Merci, Yéyette, merci ; tu es gentille ; plus jamais on recommencera. » Nos remords étaient grands ; mais les gâteaux étaient si bons !

Un beau jour, mon grand frère organisa une représentation de cirque. Le cirque était notre passion. Ma sœur Guiguite, la moniale bénédictine d'aujourd'hui, n'entrevoyait pas alors de plus belle vocation que celle de saltimbanque. Je crois que le grand frère, Sansandre, entretenait en lui mêmes ambitions. Il est vrai que, du plus grand au plus petit, nos idées étaient assez vagues sur les situations de ce monde. Nous avions, dès le berceau, le plus haut respect de nos traditions familiales. Cela n'entretenait en nous aucun orgueil. Stéphane, le fils du garde, et Henri, le fils du régisseur, étaient nos camarades de jeu préférés. J'ai entendu conter que mon frère, au sortir d'une messe, confiait à ma mère : « — Maman, j'ai bien prié pour mes sœurs. — Et qu'as-tu demandé pour elles ? — Qu'elles soient toutes sages-femmes. (Ce mot de sages lui emplissait la bouche et l'esprit comme, pour saint Louis, celui de prud'homme.) — Et pourquoi donc ? questionna ma mère intriguée. — C'est parce que, chaque fois que la sage-femme vient, il arrive un miracle. »

Il est vrai que, pour lui-même, le cher grand frère avait des désirs plus réalistes : « — Que feras-tu, Sansandre, quand tu seras un homme ? lui demandait-on. — Moi, je serai croque-mort, parce qu'ainsi j'enterrerai tout le monde, et je ne mourrai jamais ; il faudra que je vive toujours, car on aura toujours besoin de moi. » Admirable logique qui n'entend la vie qu'en raison des services qu'elle rend, et n'admet point qu'elle soit retirée à qui s'avère indispensable.

Thérèse, elle, était un modèle d'humilité, mais, somme toute, assez mal résignée. C'était un jeu de la questionner :

« — Thérèse, comment t'appelles-tu ? — Je m'appelle singe, chiffon, Gertrude », déclarait-elle, et, invariablement, elle éclatait en sanglots.

Le jour venu où devait se donner la fameuse représentation acrobatique dont je parlais, ce fut une grande agitation dans notre groupe. Chacun de nous avait sa tâche ; les dernières répétitions se donnaient en coup de feu. Quelle ardeur nous enflammait ! Les invitations étaient lancées ; il n'y avait plus à se dédire. Coûte que coûte il fallait réussir, éblouir les populations. Nos institutrices, monsieur l'abbé lui-même, travaillaient avec ardeur. Qui rédigeait les programmes, qui suspendait les lampions, qui tressait des guirlandes ou disposait des oriflammes. Le trapèze avec tous ses agrès se dressait sur la large pelouse. Les domestiques portaient et rangeaient les sièges ; à l'office, on s'affairait à dresser le buffet. Nous étions d'ordinaire bien gourmands, mais qui d'entre nous songeait aux délices de la bouche, aux savoureux gâteaux de Savoie ou aux succulentes orangeades quand l'honneur de notre peuple était en jeu ? Le grand frère échauffé ne se possédait plus et injuriait copieusement ses cadets à chaque numéro manqué et pour tout effet raté. Il ne pardonnait ni un pli défectueux au costume, ni un salut sans légèreté, ni un geste à la courbe imparfaite, ni un effort trop visible.

Le soir est tombé ; voici l'heure ; les lanternes vénitiennes sont allumées ; les feux de Bengale verts, roses, rouges, combinés par monsieur l'abbé éclairent la pelouse et la demeure et me jettent en extase. Les spectateurs sont à leurs postes, programme en main. Notre chère mère, fatiguée (peut-être attendait-elle alors celle qui devait être la dernière d'entre nous, notre Marion que je devais tant chérir), est à l'une des fenêtres qui ouvre sa chambre sur le clos. Le détail des exercices a fui ma mémoire. Il me souvient seulement que Maimaine devait exécuter un mirobolant soleil. Elle le réussit en telle perfection, saute à terre si gracieuse, et exécute un si merveilleux grand écart suivi d'un délicieux salut à la foule, que les applaudissements crépitent et que les bis impérieux retentissent. Grisée par son succès (ah ! la roche tarpéienne !) elle bondit, agile comme un écureuil, au trapèze. Hélas ! les forces la trahissent ; elle reste le ventre collé à la barre ; impossible de virevolter ; elle se cramponne, s'arc-boute, se recroqueville, ses jambes repliées joignent sa tête. Mais Sansandre, meneur du jeu, n'a point perdu l'esprit : « Mesdames, Messieurs, clame-t-il, je vous présente Mlle Maimaine, notre fameuse trapéziste dans son exercice inédit de la grenouille ! » Et après cela, devant ce sang-froid et cette intelligence qui s'adapte à l'imprévu, allez mettre en doute les extraordinaires qualités de Sansandre comme directeur de cirque et barnum prédestiné à la plus brillante carrière !

Nous étions tous aussi des acteurs fort distingués. Mlle Groffier, mieux que toute autre, savait assumer le rôle de *metteur en scène*. Nous vivions dans la fièvre tant que durait le temps des répétitions. La bonne Caroline, notre couturière, passait ses journées et une partie de ses nuits à confectionner nos costumes. Je me vois ébloui par l'apparition de ma sœur Lili en baronne allemande d'il y a un siècle et plus. Elle porte une robe bleu pâle que découvre le bas des jambes ; la taille est haute ; le tour du cou est largement échancré ; le bas est garni de volants qui battent sur des bas en soie blanche. C'est la toilette de notre grand'mère à ses fiançailles. Mon Dieu ! que Lili était jolie sous sa grande capote toute fleurie de roses et de géraniums cueillis au dernier moment par Caroline ! Notre aînée jouait le rôle de l'aubergiste. Ah ! Yette avait versé bien des larmes avant d'accepter cette humble position sociale, alors que sa cadette portait le titre de baronne. Sa qualité d'aînée ne lui permettait pas une telle déchéance. Mlle Groffier ne put faire céder une dignité si bien fondée en conviction. Ma mère dut intervenir et dire à notre Yette qu'elle devait nous enseigner la modestie. Yette voulait absolument que sa première prérogative fût de nous donner l'exemple. Dieu sait si elle nous était en tout et pour tout un modèle ! Et c'est ainsi qu'elle se livra de tout cœur à son rôle d'aubergiste. Je rassemble mes souvenirs ; je cherche à la retrouver. La voici : tout à coup je la découvre dans une robe de soie puce avec un fichu de dentelle et une espèce de bavolet. Sa belle chevelure noire a été disposée en coques harmonieuses. Yette avait une douce, régulière et calme beauté ! Lili était, elle, « la Royale », comme la surnommait notre tante Portalis à qui sa belle-sœur Mounier devait imposer le même vocable. Au dernier moment, à l'instant de paraître en scène, son vaste chapeau n'apparut pas assez fleuri à Caroline la couturière, qui s'en alla, de nuit, récolter dans les corbeilles du jardin une moisson nouvelle dont s'orna l'ample couvre-chef. Je pense entendre en ce moment les applaudissements qui saluèrent notre Lili ainsi coiffée, dans sa robe bleu tendre, les jambes moulées dans des bas blancs sur lesquels se nouaient les rubans azur de ses escarpins. Comme tout cela était simple, innocent, et, je le crains, paraîtrait fade à nos jeunes générations !

Mais c'est encore à l'intimité du petit Jean avec sa mère que j'aime le mieux songer quand je repasse en ma mémoire nos séjours nuitons. Il est des tableaux que je contemplerai toujours. Une fois à mes yeux émerveillés ma mère a déployé sur ses genoux sa robe de mariée, nuages blancs tout fleuris de roses et d'orangers. Dans ses mains si fines, ma mère tourne sa couronne, presque semblable à celle de nos premières communiantes, où alternent les fleurs d'oranger et les roses blanches. « — Maman, comme vous deviez être heureuse avec cette belle robe ! — Oui, mon petit, mais mon père n'était pas là, ni mes frères, ni mes sœurs. » J'ai su depuis que mon grand-père n'avait pu quitter Naples, retenu par les suites de la révolution garibaldienne, que mon oncle aîné était emprisonné pour fidélité à son roi, et que ma mère avait dû venir seule, avec sa belle-mère, de son pays natal, mariée déjà là-bas par procuration.

Un jour j'avais découvert une grande image coloriée de Mac-Mahon à cheval. Nous étions encore proches de l'époque où les royalistes avaient mis leurs espoirs, cruellement déçus, dans le maréchal : « — C'est qui, maman ? Mac-Mahon ? — Une grosse bête. — À combien de pattes, maman ? » Ainsi se vengeait l'esprit légitimiste des tergiversations mac-mahoniennes, où s'était enlisé le rêve de la royauté reconstruite.

EN BOURGOGNE

Je contemple dans la cheminée de la chambre maternelle les grandes flammes des bûches bien sèches qui, en fin de septembre, brûlent si allègrement. Guiguite, Maimaine et moi, nous avons dû recevoir quelque belle ondée, car nous voici, tout nus, devant l'âtre. Un clair feu pétille dans le foyer. Nous sommes assis sur de bas tabourets à deux pas de la cheminée. Notre mère nous garde ; nous avons ordre de rester tranquilles, les yeux fixés sur la flamme, sans tourner la tête à droite ou à gauche.

La petite charrette anglaise traînée par deux poneys m'emmène avec ma mère jusqu'à Notre-Dame de la Serrée. Il faut monter la côte à pied ; c'est dur pour mes jeunes jambes. Mais quelle récompense ! Je suis seul avec elle, dans la blanche chapelle, à genoux devant la vieille statue qui reproduit si étrangement les traits d'une vigneronne née sur le territoire nuiton. « Prie avec moi, mon petit », murmure ma mère. Quelle grâce est-elle venue demander ? Comme elle implore avec ferveur, et comme j'étais heureux de prier avec ma maman : un cœur, une âme !

XIX

L'HÔPITAL DE NUITS

L'arrière-grand-père et l'hospice. — L'oubli des bienfaits. — Trois visages de supérieures. — Le costume d'Agnès Sorel. — La chapelle de l'hospice. — Le parloir et la pharmacie. — Servantes à gages. — Blancs hennins dans le parc. — Le rachat de Nuits. — Communions à l'hospice. — Pour que le roi ait un fils. — Comment on déchire une caricature. — Le baptême de mon père. — Prière mentale.

Je garde un souvenir ému de l'hôpital qui, à Nuits, s'élève tout proche de notre demeure. Pour y aller de notre parc, il n'y avait que le petit Musin à traverser. Notre arrière-grand-père s'était dévoué à cet hospice. Il en avait doté la chapelle, et j'ai retrouvé une convention entre lui et l'Administration où, contre le don de vingt-cinq mille livres à l'hospice, il exigeait l'ouverture au public du sanctuaire pendant tous les offices. Son humilité lui conseillait d'offrir tous ces dons sous le voile de l'anonymat. Ce fut un tort : car aujourd'hui le souvenir de ce qu'il a fait est totalement perdu. La dernière supérieure — une femme exquise — me le disait souvent : « Je serai l'une des dernières à savoir ce que nous devons aux vôtres. » Mais si l'hôpital a oublié, nous restons fidèles à ce qu'aimèrent nos devanciers. Nous étions élevés à considérer l'hôpital comme un prolongement de la *Maison*. Y étions-nous gâtés ! Je n'oublierai jamais les trois supérieures que connut mon enfance et ma jeunesse : Mère Arnoux, Mère Rémond, Mère Régnier. Mère Arnoux était entrée à douze ans en religion. Elle venait, accompagnée de Sœur Rémond, rendre visite à mes parents. Les voici sous leurs blancs hennins, dans leur beau costume bleu, avec la traîne des dimanches. Leurs mains, gantées de candides mitaines, sont cachées dans leur manchon de fourrure fauve qu'un cordonnet noir suspend au cou engoncé dans la guimpe souple. Elles avancent, annoncées par le serviteur. Elles s'inclinent dans une révérence savante avec un rond parfait que le pied droit dessine sous la vaste jupe : « Madame la Vicomtesse, j'ai bien l'honneur de vous saluer », dit la petite voix brève de Mère Arnoux. Et chacune de ces visites me vaut des corniotes, exquis gâteaux au fromage, des gaufres savoureuses, comme la seule Bourgogne sait en façonner, des bonbons succulents. Oh ! comme j'en aimais notre hôpital, ses Sœurs dans leur poétique costume Agnès Sorel ; ses novices charmantes avec leur vêtement noir où un empiècement de fine batiste simule un décolletage.

L'hospice de Nuits m'apparaissait comme un lieu mystique où les malades, dans leurs salles ouvertes sur la chapelle, devaient guérir de toutes infirmités. Les vitraux ne sont point artistiques ; ils enchantaient ma vue : une sainte Madeleine aux blonds cheveux tient le vase de nard précieux ; une sainte Marthe et sa tarasque ; un affreux Sacré-Cœur qui porte la brebis perdue et retrouvée. Que de fois je les contemplai, ainsi que les évangélistes, dont les bustes se profilent sur des faïences en forme de plats : cette décoration était pour moi le fin du fin, l'expression d'un luxe divin dans sa perfection. Ces assiettes sacrées au-dessus des belles et sobres boiseries transformaient à mes yeux cette chapelle en salle à manger d'apparat disposée pour le repas du Seigneur. Oui, tout me ravissait dans ce lieu saint, jusqu'à la Vierge en bois doré qui tient dans ses mains effilées les clés de la *dépense* et le premier raisin cueilli sur les ceps de l'hospice.

Un autre lieu rivalisait d'attraction avec la chapelle : c'était le parloir et la salle de pharmacie. Les deux salles, séparées par un couloir ciré à miroir, n'en formaient qu'une pour moi. Les ai-je admirées, ces fleurs en coquillage, cet Enfant Jésus de cire, ces fauteuils Louis-Philippe avec, chacun, leur petit tapis rond pour les pieds, et ces rangées de vieux bocaux où s'inscrivent des noms si étranges ! Il en sortait toujours des pastilles menthées ou des bonbons sucrés roses, blancs, dorés. Ces vases devaient, pensais-je, renfermer des trésors inépuisables propres à satisfaire toutes nos innocentes gourmandises.

Les Sœurs de l'hôpital ne sont point des religieuses, mais des dames qui se vouent au service des pauvres malades. La Supérieure, chaque année, leur remettait à la chapelle un écu qu'accompagnait cette formule : « Souvenez-vous, ma fille, que vous êtes une servante à gage au service des pauvres malades. » C'était payer à bon marché une vie d'humilité et de dévouement. Je ne sais si ce noble usage continue, ou s'il est allé rejoindre les manchons de fourrure et les révérences de Mère Arnoux et Mère Rémond. Les Sœurs prennent, chaque année, quinze jours de vacances. J'ai vu la Mère Régnier descendre chez mes parents, à Paris, et asseoir à notre table sa robe bleue et son tablier blanc que surmontait le virginal hennin.

Je le répète, en ce temps-là l'hôpital et notre famille, c'était tout un. Aux beaux jours les Sœurs venaient se récréer dans notre parc, et, quand survint la catastrophe de l'Union générale, les Sœurs décidèrent de racheter à nos parents le domaine pour nous le conserver. Elles n'eurent pas à accomplir ce geste, mais l'intention demeure. Nos parents nous l'apprirent afin que jamais nous n'en perdissions le souvenir. J'en ai parlé à Mère Rémond : « Eh ! quoi, vous avez su cela, mes enfants ? Nous étions toutes résolues à ce rachat, c'est vrai. N'êtes-vous pas notre famille ? »

Ma mère communiait souvent à la messe de l'hôpital. Les Sœurs allaient à la table de communion après avoir détaché la traîne de leur robe. La Supérieure et son assistante s'effaçaient pour laisser passer notre mère, afin qu'elle communiât la première. Humble, encore que si fière, notre mère protestait contre cet honneur. Mais les Sœurs tenaient bon, et j'entends Mère Rémond répondre : « Toute jeune, j'ai appris à agir ainsi pour madame la Comtesse votre belle-mère et pour sa fille madame la Baronne d'Allemagne. N'insistez pas, madame la Vicomtesse : je ne changerai rien à cet usage, même pour vous faire plaisir. Nos Sœurs ne le permettraient pas. »

Les Sœurs appartenaient à des familles aisées, mais modestes : et pourtant, quelle exquise distinction chez ces femmes ! Quelle grâce vieille France ! Quel respect plein de dignité, exempt de toute flatterie, de toute platitude, pour la hiérarchie sociale, les traditions familiales ! Mère Arnoux comme Mère Rémond étaient des royalistes intransigeantes. La fleur de lys et le nom de Bourbon faisaient pour elles partie du catéchisme. Voici Mère Arnoux qui me prend par la main et me conduit au pied de l'autel : « Mon petit chéri, nous allons dire une prière pour que le bon Dieu donne un beau petit fils au Roi. » De grand cœur je m'unissais à l'oraison de la vieille et chère religieuse.

Et comme elle riait, de son petit rire discret, si frais, un jour que ma mère avait déchiré un journal illustré qui s'étalait à la devanture du libraire Violette et où une caricature représentait la Royauté conduite à Charenton !

Je ne sais plus me borner dès que revient dans mon esprit l'image du cher Nuits. Tout ce coin de terre est plein d'histoires, de légendes, de souvenirs. Je parlais de l'hospice et de sa chapelle : c'est là que, par permission spéciale, fut baptisé mon père. Mon grand-oncle Zéphyrin, le colonel, était parrain. Le curé lui demanda, selon l'usage, de réciter le *Credo*. Sur les champs de bataille du Consulat, de l'Empire et de la Restauration, mon grand-oncle avait quelque peu oublié ses patenôtres. Au bout de quelques instants, comme il n'entendait rien, le curé, timidement, renouvela sa demande : « — Mon Colonel, voulez-vous réciter le *Credo* ? — C'est déjà fait, monsieur le Curé, répliqua l'oncle Zéphyrin d'une voix qui emplissait l'hospice de son éclat martial ; je l'ai récité mentalement. »

XX

LE GRAND-ONCLE ZÉPHYRIN

Château-Gris et voix de stentor. — Ne plus sacrer. — Napoléon et les Bourbons. — La tante Églantine. — Le hanap. — Les deux chiens et la culbute. — L'ara et ses déclarations. — Comment l'oncle s'était engagé. — Le retour. — « Enlevez cette cochonnerie ! »

On nous avait raconté sur le colonel bien d'autres belles histoires. Mon grand-père aimait à donner des déjeuners ou des collations au Château-Gris, alors dans sa prime jeunesse. Si le Bourgogne mousseux venait à manquer, l'oncle Zéphyrin savait, de la terrasse, par un commandement puissant, ordonner qu'il en fût porté de nos caves jusqu'au lieu du festin. Et le premier passant qui se montrait sur la grande route recueillait l'ordre et portait la commission à notre demeure.

L'oncle Zéphyrin avait contracté l'habitude de *sacrer* terriblement. Ma grand'mère lui en fit une fois l'observation. Ce fut dans une cascade de furieux jurons que son beau-frère s'écria : « Sacré….. ma sœur, vous avez trop raison. Sacré….. c'est là une détestable habitude que j'ai contractée dans les camps. Sacré….. de sacré….. de….. je vous jure bien que j'entends m'en corriger, bon….. de bon….. »

Il résidait ordinairement à Carouge, près de Genève, où il s'était retiré quand il avait quitté l'armée.

Il gardait dans son cœur une dévotion spéciale à Napoléon et un amour fidèle aux Bourbons. Déjà retraité, il avait convolé en justes noces. Son épouse avait pour prénom Églantine, vocable qui rivalisait en poésie avec celui de Zéphyrin. À Nuits il buvait dans un immense verre à pied. Ce hanap avait dû appartenir à Gargantua. L'oncle était à Carouge environné de tous les respects ; mais son humeur n'était pas toujours facile. Il possédait deux chiens d'une taille peu commune et dressés à miracle. Quand il rencontrait dans la rue un quidam dont la figure n'avait pas l'heur de lui plaire, il sifflait ses chiens en certaine façon. Aussitôt les deux lévriers de s'élancer et de passer entre les jambes du promeneur rapidement projeté dans la poussière. Et l'oncle Zéphyrin de s'avancer, de saluer et de s'excuser sur la maladresse de ses chiens, qu'il feignait hypocritement de corriger à vigoureux coups de pied.

Napoléon III lui semblait une caricature de souverain. Cependant il se révolta à la pensée de l'émeute devant l'ennemi. Il se promenait de long en large dans sa maison, les mains derrière le dos, les yeux furibonds, et répétait : « Les Français sont des cochons, la République est proclamée. » Son grand ara favori apprit bien vite la phrase, et, du balcon où il aimait à se percher, la lançait à pleine gorge. Les autorités genevoises s'en émurent et vinrent supplier le colonel d'enfermer l'oiseau indiscret. « La Suisse est terre de liberté, messieurs, répliqua le vieil officier ; mon perroquet doit avoir le droit de dire son opinion. » Sur quoi, il offrit des rafraîchissements à ses hôtes, qui n'osèrent trop insister. Ce brave militaire, mon grand-oncle, était mort quand je naquis. Son souvenir demeurait vivant, et je n'avais pas besoin de ses trois portraits suspendus aux murs de la maison pour me le représenter. Je savais sur le bout du doigt son histoire, ses campagnes, ses hauts faits. Je n'ignorais pas que, pendant la guerre d'Espagne, il était venu porteur de dépêches, jusqu'à Paris, à franc étrier, et qu'aux relais, pour se remettre en selle, il commandait de verser dans le fond de ses culottes des œufs battus en omelette. Je connaissais sa fuite de l'hôtel où vivait sa mère, place Bellecour, à Lyon, pour aller s'engager aux armées, car sa mère lui refusait un cheval de selle. « La Révolution nous a coûté trop cher, déclarait-elle, au retour de l'émigration, pour que je puisse, Zéphyrin, vous monter une écurie. » Il se fit donc dragon, afin d'avoir une monture. Il revint sous-lieutenant, et sur son uniforme brillait la croix de la Légion d'honneur. Sa mère le reçut comme s'il était parti du matin : « Ah ! c'est vous, mon fils, lui dit-elle, tandis qu'il lui baisait la main. C'est l'heure bientôt du déjeuner ; allez donc à votre toilette. » Puis, comme elle indiquait de l'index sur la croix l'effigie de Napoléon : « Et vous n'omettrez pas d'enlever cette cochonnerie. » Il exécuta l'ordre ; mais, après le repas, il rejoignait son régiment.

XXI

HISTOIRES ET LÉGENDES — PREMIÈRES CONFESSIONS

Un siècle ! — L'émigration de l'arrière-grand'mère. — Provisions de bouche. — Le Pasquier et le Sabbat. — Le festin enchanté. — Les dicts de Briaré. — Le curé Oriol. — La belle Gabrielle de Vergy. — Les grenouilles d'Égypte. — L'enfant de chœur. — Première confession. — L'oncle Octave à confesse.

Toutes ces histoires, et tant d'autres, nous formaient une Bible familiale. Quand je revois la vieille gentilhommière, chaque salle, chaque coin me remet en mémoire une anecdote. Tout un passé revit. J'entends la voix de ceux qui nous contèrent ces récits. Par eux, nous nous reliions à une époque qui semble aujourd'hui bien lointaine. Mon grand-père et ses frères étaient nés sous le règne de Louis XVI ! Leur père avait été exécuté à Lyon ; leur mère et leur tante, Supérieure des Ursulines à Bourg-Argental, la tante Saint-François de Mayol, s'étaient réfugiées à Constance, où elles ouvrirent une école, car il fallait vivre. Je savais les privations qu'elles avaient endurées : elles avaient si bien connu la faim que mon arrière-grand'mère, jusqu'à sa mort, n'aurait pu s'endormir si l'armoire de sa chambre n'eût contenu pain et provisions de bouche. Tant elle redoutait d'éprouver encore, ainsi qu'aux mauvais jours, la famine.

Ces anecdotes me hantaient, tout comme les légendes nuitonnes dont me berçait Louise Challand, la femme de notre régisseur. Je savais qu'au Pasquier, la nuit de Sabbat, le géant du Roi-de-Villars donnait un banquet aux Dames Huguettes.

L'enchanteur du Château-Renaud le préparait et les lutins des Trous-légers le servaient. Je n'ignorais rien du loup-garou et du moine bourru. En Forez, les récits des farfadets et des fées ondines, qui se baignent dans le Lignon, ne nous paraissaient pas moins beaux. Et quand le vieux maire de Lupé venait à Bourg-Argental, il nous captivait par les dicts de Briaré, débités dans le savoureux patois du terroir. Il avait connu l'abbé Oriol, curé de Lupé sous la Terreur, et ce qu'il nous apprenait dépassait les histoires, si belles cependant, qu'à Nuits l'oncle de Cuarley nous contait de son parrain, le dernier prieur de l'abbaye Saint-Vivant à Vergy. Vergy où la belle Gabrielle s'était vu, sur l'ordre du sire de Vergy son mari, servir le cœur de son amant. Elle trouva le plat si bon qu'elle en redemanda à l'écuyer tranchant, puis mourut d'horreur quand elle sut ce qu'elle avait mangé. Nous vivions vraiment dans un monde prestigieux, où le passé et le présent se confondaient. Du merveilleux se mêlait à toute notre existence. Aussi les plus extraordinaires prodiges de l'Histoire sainte nous apparaissaient-ils tout naturels. N'allez pas croire toutefois que ma préférence allât au plus sublime. Il me souvient que j'étais captivé, bien plus que par le Sinaï tonnant, fumant, illuminé d'éclairs, fulgurant de mille foudres, par la plaie des grenouilles égyptiennes remplissant campagnes, villes et maisons, et s'installant, tout à la bonne, jusque dans la couche royale du Pharaon.

Ces grenouilles m'enchantaient : j'étais assis dans la chambre maternelle, près d'une croisée, sur un prie-Dieu de velours grenat. Il était surmonté d'un grand Christ en ivoire et d'une Vierge en biscuit. Au-dessus de ma tête pendait une grosse grappe de raisin en verre laiteux, où s'enfermait une veilleuse toujours ardente. Notre grande cousine Lorenza de Valleton tenait un livre dont elle me montrait les images. Chacune représentait une plaie d'Égypte. « Cousine Lorenza, les grenouilles ! les grenouilles ! » Je ne me lassais pas de considérer le Pharaon, diadème en tête, prêt à se mettre au lit, et qui demeurait épouvanté, une jambe en l'air, tandis que les chambellans ouvraient les draps et couvertures d'où sautaient des grenouilles géantes, bouches ouvertes et yeux exorbités. Comme je les aimais, ces grenouilles, vengeresses des pauvres Juifs persécutés !

J'avais cinq ans quand j'eus l'honneur de figurer en enfant de chœur à Saint-Symphorien pour la procession de l'Assomption. M. le Curé avait demandé à mes parents que je donnasse ce bon exemple. Une belle soutane rouge me fut taillée. J'eus un rochet de dentelle et une ceinture à gland d'or. Je me crus pour le moins cardinal. C'est alors que, pour la première fois, j'allai avec Maimaine me confesser. Ce que je racontai au vénérable pasteur, il ne m'en souvient guère. Mais je sais que ma mère elle-même m'avait préparé à cet aveu de mes fautes. J'étais anxieux ; à mon retour je dus redire à ma mère ce que j'avais déclaré à notre curé. Je me rappelle seulement que j'étais plein de contrition pour avoir emporté un hanneton à la prière du soir et pour avoir opposé une farouche résistance à Mathilde qui voulait, trop bien, à mon goût, me laver les oreilles. J'ai compris depuis pourquoi notre mère pouvait avoir quelque inquiétude.

La première confession de notre oncle Octave avait, en effet, causé autrefois un drame domestique.

« Tu dois tout dire, Octave, à M. le Curé ; tout dire, tu entends bien ; ne rien cacher. »

Au retour, ce fut, comme plus tard ce devait être pour moi, l'interrogation maternelle : « — Alors, petit, tu t'es bien confessé ? — Oh ! oui, maman, je lui ai tout dit, à M. le Curé ; tout, tout. Je n'ai rien caché. — Et que lui as-tu dit ? — D'abord, maman, que je vous avais vue toute nue. » Stupéfaction horrifiée de ma grand-mère. En fait, l'oncle Octave voulait dire qu'il avait été introduit dans le cabinet de toilette quand la caméristre coiffait sa mère vêtue d'un peignoir. Pour l'enfant, voir sa mère autrement qu'en toilette protocolaire, c'était la contempler toute nue. « Et après ? » questionna, haletante, ma grand'mère. « Je lui ai dit aussi qu'il était ennuyeux, et que quand il venait dîner le jeudi on trouvait *que ce n'était pas drôle*. Et puis encore qu'une fois où le soir il voulut faire visite, vous aviez dit à Pierre (le maître d'hôtel) de fermer les contrevents pour cacher la lumière et d'annoncer que vous n'étiez pas là. » Ma pauvre grand'mère était consternée. Elle rendit visite au curé, lui conta le tout, l'expliqua comme elle put. Le curé remercia pour l'intention, déclara ne rien savoir, et ne changea pas ses habitudes.

Avec de tels précédents, on conçoit que ma chère mère pût être perplexe sur ma confession, quand j'abordai pour la première fois le tribunal de pénitence.

XXII

RETOURS A PARIS — QUAND JE REVOIS FOREZ ET BOURGOGNE

Tristesse du départ. — Gelée blanche. — Le cantique de la nature. — Mes cinq ans à Paris. — La Villeder. — Comment le prince Stirbey comprenait l'amitié. — Nous quittons la rue Pérou. — La rue Saint-Guillaume. — Quand je revois Forez et Bourgogne. — Méditation sur le ravin. — La mort des traditions. — Les chères figures disparaissent. — Ceux qui demeurent. — Rien de ce qui divise, mais tout ce qui unit.

Chaque année, c'était une peine pour nous tous de quitter les bocages nuitons ou foréziens et de reprendre le chemin de Paris. Le trajet nous consolait de cet arrachement. Nous voyagions de nuit. Une fois je m'éveillai au petit matin, et fus tout émerveillé au spectacle de la gelée blanche qui couvrait la campagne. L'enfant est sensible à la nature. Il chante en son cœur, dans les termes qu'il peut, un cantique semblable à l'hymne biblique : « Cieux et terre, bénissez le Seigneur ; bénissez-le, soleil, lune, étoiles, astres du firmament ; vents et pluies, chaleur et frimas ; bénissez le Seigneur, fleuves et mers, bénissez-le ; bénissez le Seigneur, glaces et gelées ; rosées du ciel, bénissez-le ; collines et montagnes, bénissez le Seigneur ; bénissez-le, vallées et plaines. » Le petit pauvre d'Assise, qui modula le cantique de la création sur son luth, avait une âme d'enfant. *Monachus nihil habet, nisi cithuram*, affirmait Joachim de Flore dans son abbaye calabraise.

Ma cinquième année fut la dernière que je vécus rue Pérou. Un après-midi, comme je revenais avec Maimaine du cours où nous enseignaient Mmes Cazotte, je trouvai sœurs et frère en liesse : « Nous avons la Villeder ! » Ce fut à ce cri que nous accueillit la grande sœur Yéyette. La Villeder était une mine d'étain dont notre père s'était rendu acquéreur avec quelques amis. Cette Villeder et son étain nous apparaissait plus riche que la poche d'or de nos amis américains les Mackay.

Hélas ! ce fut un gouffre désastreux. Du moins servit-il à prouver que l'amitié n'est pas toujours un vain mot. Quand plus tard survint le désastre de l'Union Générale, le prince Démètre Stirbey demanda à notre père : « — As-tu toujours, Henri, quelques actions de la Villeder ? — Beaucoup plus, hélas ! que je n'en voudrais. — Tu as tort de parler ainsi. L'affaire est belle, je t'assure. — Mais elle ne vaut rien, moins que rien. — Ce n'est pas mon avis. Je voudrais pour 200.000 francs de ces titres. Peux-tu m'en céder pour cette somme ? » Et il n'eut de cesse qu'il n'eût acquis ces titres.

L'achat de la Villeder, le triomphe sur le groupe financier qui disputait cette mine à mon père et à ses amis sont le dernier souvenir que me laisse la rue Pérou, doux logis de mon enfance parisienne.

Je n'avais pas tout à fait six ans quand nous quittâmes le quartier du Luxembourg et la paroisse Saint-Sulpice pour la rue Saint-Guillaume et le vieil hôtel tombé depuis sous la pioche des démolisseurs, au numéro 25, mitoyen avec l'école des Sciences politiques. C'est plus tard que nous nous installâmes au 16, dans l'école Créqui, propriété du duc d'Urach.

Chère rue Pérou, si tranquille, si pleine de douces mémoires ! Je n'y connus que des joies et des rires. J'en crois voir la lumière et entendre le frais écho chaque fois que je foule ses pavés. J'aimerais habiter de nouveau le logis où je vécus enfant et mourir là où je vis le jour.

Nuits, Lupé émeuvent mon cœur quand je revois leurs vignobles, leurs champs et leurs cieux. Lupé n'a pas changé : le nombre des habitants a diminué. Mais la paix des cœurs y règne comme autrefois. La chandelle de suif a fait place à l'électricité ; la vieille église a, je le regrette, disparu pour donner place à un sanctuaire tout neuf, d'une élégance campagnarde. Les gens y parlent toujours le beau patois expressif et sonore.

C'est le pays que je chéris entre tous, celui où je voudrais toujours demeurer. Les pensées y sont les pensées d'autrefois, les mœurs y sont à peu près les mœurs de nos pères. Quand on y est, on a reculé de deux siècles en arrière. Quel progrès qu'une telle *remontée* ! J'aime à y chercher mon coin préféré : à travers les broussailles, par un sentier de chèvre, je gagne le corps de garde en ruines. Je m'assieds au pied de la tour qui surplombe le grand ravin sauvage. Je demeure longtemps, oublieux de l'heure qui coule, des minutes qui s'égrènent. Ah ! comme notre être communie avec la terre dont il est issu ! Si je tiens à être électeur, c'est seulement parce que j'ai l'honneur d'être électeur de Lupé.

À Nuits les hommes et les choses ont changé davantage. Saint-Symphorien, notre beau sanctuaire roman, est maintenant déserté pour l'insipide église neuve ; les étrangers sont venus nombreux et, avec eux, les luttes politiques. Les vieilles auberges disparaissent ; les vendanges sont sans joie ; la paulée n'est presque plus qu'un souvenir ; les gaudes et les corniotes, régals de nos enfances, ne sont plus goûtés que des attardés. Des figures amies ont disparu trop nombreuses : le type du vieux Nuiton s'efface ; les vignerons deviennent rares. Les artisans de l'ancien modèle aussi.

Je cherche le père Lagrange, notre menuisier, un ami, un homme de l'ancien temps, au spirituel bon sens ; le cœur sur la main, modeste, mais qui savait si bien *river leur clou aux mal pensants* ; le père Bony, à la jambe de bois, si dur au travail, qui avait toujours prête la plaisanterie bourguignonne à l'emporte-pièce. Ils dorment maintenant d'un sommeil vaillamment gagné, sous les ombrages du cimetière. Ils sont partis, comme tant d'autres, mes anciens, mes contemporains, mes cadets. Beaucoup d'entre eux tombèrent sous les coups de la grande faucheuse : la guerre. Le seul rappel de leur nom gonfle mon cœur de tristesse ; il m'en reste, par bonheur, qui furent mes amis dès l'enfance ; et ceux qui sont disparus dans les ombres de la mort m'ont laissé leurs fils et petits-fils.

Au bout du pont demeure le bourrelier, dont beaucoup de savants devraient prendre leçons. Entre le Pont de la Duchesse et le Pasquier, il y a le Louis dans sa forge ; à l'école, entre gare et vignes, en ville, au faubourg, j'ai les jeunes qui furent mes soldats ; et tous ceux que je coudoie ne sont-ils pas plus ou moins les frères, les oncles, les neveux, les cousins de ceux-là, avec qui j'ai joué dans mon enfance, que j'ai connus dès mes premières années ? Voilà pourquoi Nuits m'est une patrie, malgré les mesquineries des partis et les rivalités des clans, et je bénis mon père de m'avoir appris que sur ce sol nous ne devions rien connaître de ce qui divise, *mais tout ce qui unit*.

Quel rayon de soleil m'apporte à Paris, dans mon ermitage, la visite des jeunes Nuitons, ouvriers, étudiants, universitaires qui veulent y retrouver l'atmosphère de la petite patrie, et qui me portent le tribut d'une amitié que je rends à eux et à leurs parents. Les Foréziens viennent aussi à l'ermitage. Avec eux entre chez moi le parfum des bruyères et des genêts, des thyms et des lavandes qui embaument nos chères montagnes. Clartés du terroir bourguignon ; senteurs capiteuses de nos rudes contrées si douces à qui les sait comprendre !

Forez et Bourgogne, et vous, fils de nos deux provinces, quelles chansons vous chantez en mon cœur quand je vous vois !

XXIII

SI VOUS N'ÊTES PAS COMME LES TOUT-PETITS

L'enchantement de Notre-Dame, génies, fées et lutins. — Le mystère de l'âme enfantine. — *Juvenes dum sumus.* — Comme l'aigle renouvelle sa jeunesse. — *Ad Deum qui laetificat juventutem meam.* — L'éternelle enfance.

Quand j'écris ces lignes, je suis retourné dans notre vieux Forez, j'ai bu aux sources du Lignon, j'ai communié au terroir de Lupé. Je viens de quitter le territoire nuiton où Dionysos rougissait et dorait les feuilles de ses vignes, tandis que la Vierge bourguignonne de la Serrée épandait de la douceur dans l'étroite coulée de son vallon ; que les Dames Huguettes et les lutins des Trous-Légers animaient la montagne aux yeux de ceux qui savent voir. L'enchanteur de Château-Renaud m'a gardé Nuits dans mon cœur tel que j'appris à le connaître il y a longtemps, bien longtemps. Béni soit cet enchantement ! Et que Notre-Dame pardonne à l'enchanteur !

Il n'a pas réussi seulement ce prodige : c'est bien par lui, j'imagine, qu'il me semble être encore aux jours de mon enfance dont j'ai voulu par ces pages retracer l'humble histoire. J'avais l'ambition d'y montrer l'âme de l'enfant que je fus, avec ses naïvetés, ses roueries, ses tendresses, ses égoïsmes, ses élans, ses vanités, ses désirs, ses espoirs, ses amours.

C'est un grand mystère qu'une âme de petit enfant. C'est peut-être parce que, pour moi, les jours de mon enfance ne sont pas morts que j'ai pu comprendre les secrets des enfants, augmenter leurs joies, adoucir leurs peines. Si tant d'humains m'ont apporté leurs rires et leurs larmes, c'est sans doute parce qu'ils trouvaient en mon cœur un écho de leur enfance : *Juvenes dum sumus !...* Jeunes, soyons-le toujours ; et que Dieu, comme pour l'aigle, renouvelle sans cesse notre jeunesse.

Qui lira ces lignes puisse-t-il entendre ce vœu que je forme pour lui, tandis que je ferme ces pages où je mis le plus beau temps que j'aie vécu.

Les années s'amoncellent ; le terme apparaît prochain. Sachons vivre jeunes, et mourir plus jeunes encore : *Juvenes dum sumus.*

Ad Deum qui laetificat juventutem meam, ainsi que chante le psalmiste.

À qui veut, la jeunesse est éternelle !

TABLE DES MATIÈRES

Au lecteur		9
I	La rue où je suis né	13
II	Premières images	19
III	Premiers souvenirs	25
IV	Nos fêtes	35
V	Le jour de l'an	49
VI	Les fêtes de nos parents	57
VII	Repos et jeux	63
VIII	La mort de ma grand'mère	71
IX	Premières leçons	75
X	Reliques fausses et véritables	81
XI	L'enseignement par les tableaux	87
XII	La beauté de ma mère	97
XIII	Admirations féminines	101
XIV	Souvenirs de 1870	107
XV	Premières communions	113
XVI	Réceptions et dîners	115
XVII	Villégiatures	119
XVIII	En Bourgogne	129
XIX	L'hôpital de Nuits	143
XX	Le grand-oncle Zéphyrin	147
XXI	Histoires et légendes	151
XXII	Retours à Paris	155
XXIII	Si vous n'êtes pas comme les tout-petits	159

Février 2020
Reconquista Press
www.reconquistapress.com

www.ingramcontent.com/pod-product-compliance
Lightning Source LLC
Chambersburg PA
CBHW071627080526
44588CB00010B/1307